区域协调发展机制研究系列

张红历 罗希 著

中国人口出生性别比及其影响因素的时空异质性研究

ZHONGGUO RENKOU CHUSHENGXINGBIEBI
JIQI YINGXIANGYINSU DE
SHIKONGYIZHIXING YANJIU

Southwestern University of Finance & Economics Press

西南财经大学出版社

中国·成都

图书在版编目(CIP)数据

中国人口出生性别比及其影响因素的时空异质性研究/张红历,罗希著.—成都:西南财经大学出版社,2019.12
ISBN 978-7-5504-4314-3

Ⅰ.①中… Ⅱ.①张…②罗… Ⅲ.①人口性别构成—影响因素—研究—中国 Ⅳ.①C924.24

中国版本图书馆 CIP 数据核字(2020)第 003175 号

中国人口出生性别比及其影响因素的时空异质性研究
张红历 罗希 著

责任编辑:林伶
封面设计:穆志坚 张姗姗
责任印制:朱曼丽

出版发行	西南财经大学出版社(四川省成都市光华村街55号)
网　址	http://www.bookcj.com
电子邮件	bookcj@foxmail.com
邮政编码	610074
电　话	028-87353785
照　排	四川胜翔数码印务设计有限公司
印　刷	四川五洲彩印有限责任公司
成品尺寸	170mm×240mm
印　张	11
字　数	203 千字
版　次	2019 年 12 月第 1 版
印　次	2019 年 12 月第 1 次印刷
书　号	ISBN 978-7-5504-4314-3
定　价	78.00 元

摘　要

　　出生性别比是反映生命之初性别平等状况的基本指标，自 20 世纪 80 年代以来，中国的出生性别比逐渐偏离正常范围（103~107），并由局部地区出生性别比偏高扩散为全国性出生性别比失衡。出生性别比偏高问题反映出我国人口性别结构的异常和失衡，对我国的人口发展和社会运行影响甚大。

　　近年来，各级政府为扭转出生性别比失衡的局面，采取了一系列措施，初步取得了一定的成效，但仍未使其完全恢复正常水平。中国各地区的资源禀赋、发展水平、风俗习惯等方面存在较大差异，出生性别比升高的路径也各具特点，各因素对其影响存在显著的时空异质性。

　　关于这一主题的实证研究多忽略了出生性别比及其主要影响因素的时空特征，导致研究结论不能细致地反映影响因素的异质性。因此，本书利用 1982 年以来历次人口普查数据和人口抽样调查数据，以中国省域（含自治区、直辖市，除港澳台地区）为研究对象。首先，采用描述性统计分析和空间统计分析对中国人口出生性别比的时空分异特征进行深入探究；然后，构建经典计量模型，时间加权回归模型、地理加权回归模型、时空地理加权回归模型三种空间变系数模型，从经济、社会、政策、医疗等方面，对我国省域出生性别比的影响及其时空异质性特征进行估计与比较分析；最后，有针对性地提出治理我国出生性别比失衡的相关政策建议。

　　本书的主要结论为：

　　（1）从新中国成立伊始，出生性别比经历了合理期、快速上升期与稳定下降期的倒"U"形变化趋势。变动特征体现在时间、城乡和孩次等方面，并且随着我国经济社会条件的变化，出生性别比表现出新的特征和趋势。总体上，我国出生性别比失衡与我国计划生育政策的实施时间上存在同步性，表现为男婴多、女婴少，出生性别比失衡的程度大、持续时间长；出生性别比孩次差异明显，高孩次出生性别比显著失衡；出生性别比偏高存在普遍性，不分城乡、不分地区，失衡现象由局部地区向全国范围扩展。

从时间上看，20 世纪 80 年代，出生性别比从接近正常值到开始偏高，10 年间由 107.8 上升至 113.9，出生性别比持续偏高的现象初见端倪；20 世纪 90 年代，出生性别比持续攀升；21 世纪初的 10 年间，出生性别比增势放缓，但依旧在高位徘徊，在 2008 年达到峰值 120.6，出生性别比严重失衡，具有一定的普遍性、广泛性和积累性。2009 年以后，出生性别比持续攀高的态势得到了有效遏制，并出现了稳定而显著的"八连降"，2017 年降至 111.9，出生性别比治理成效显著。

从城乡差别上看，乡村地区的出生性别比高于城镇地区。1982 年以来，城镇和乡村的出生性别比都呈上升趋势，但乡村地区上升更快，导致城乡差别日益扩大，这种趋势一直持续到 2005 年。在我国城镇化快速推进时，流动人口大量增加，推动了城镇出生性别比走高，乡村出生性别比则有所回落，逐渐低于镇域出生性别比。2010 年之后，城市、镇和乡村的出生性别比都出现了较大幅度的回落，城乡出生性别比之间的差距也逐渐缩小。

从孩次来看，1980—2015 年，我国出生性别比随孩次增加递增，孩次越高出生性别比越大，其中二孩、三孩及以上孩次的出生性别比远高于正常水平。2000 年，二孩性别比和三孩及以上性别比分别高达 151.9 和 159.4。高孩次的出生性别比异常偏高，这也是我国出生性别比持续失衡的主要原因之一。近年来得益于我国"单独二孩"和"全面二孩"等计划生育政策的调整，二孩、三孩及以上出生性别比出现了大幅回落，特别是二孩出生性别比的下降，使得全国出生性别比进一步回落。

（2）从空间上看，我国出生性别比呈现出较大的地区差异。20 世纪 80 年代初期，出生性别比失衡现象仅出现在个别的东部和中部省域，经过近三十年的发展，这种失衡逐渐演化为绝大多数省域普遍存在的问题，其中以中部省域的失衡程度最为严重，西部省域的出生性别比偏离正常范围较小，且人口大省对出生性别比偏高的影响较大。人口出生性别比在地理空间上存在显著的空间集聚特征，"高值"集聚和"低值"集聚明显，即出生性别比偏高的省域或偏低的省域与相邻省域的出生性别比存在一定程度的空间关联。

（3）在出生性别比作用机制理论研究基础上，以我国 29 个省域为研究对象，选取出生性别比作为被解释变量，选取人均地区生产总值、总和生育率、少数民族人口占比、女性平均受教育年限、第一产业从业人口比例、农村每万人养老机构数和每万人医疗机构数作为解释变量，构建经典计量模型和空间变系数计量模型，测度经济、社会、文化等因素对出生性别比影响的时空异质特征。研究发现，所采用的四种实证模型，时空地理加权回归模型拟合效果好，表明在考虑了时间和空间因素后，模型的解释能力显著提高。

模型估计结果显示，总体上经济发展对出生性别比的影响主要为正效应，表明对于我国大部分省域而言，在研究时段的大部分时间内，经济发展水平的提升促进了出生性别比的升高，特别是东部地区的部分省域有着更为显著的正效应。但是，随着经济持续的快速发展，其对出生性别比的正向作用强度逐渐减弱，负向作用效应逐渐增强，省域之间的影响效应进一步增大，西部地区省域率先转变为负效应，表明经济发展对于出生性别比升高起到了一定的抑制作用。

总和生育率和少数民族人口占比用来表征社会因素中生育政策对出生性别比的影响。其中，自我国1978年正式实施"独生子女"计划生育政策以来，总和生育率总体上呈缓降趋势，进入21世纪，在微升之后开始稳中略降。它对出生性别比的影响，随时间演变呈"U"形趋势，在研究阶段期初和期末多为正向，中间阶段随着时间演变呈现出显著变化。其中，1989年以负效应为主，2000年后则以正效应为主，且正效应范围逐渐扩大，作用强度也明显增加，省域之间的空间差异性也逐渐增大。理论研究认为：生育率越低代表政策空间与意愿空间的差距越大，对于生育空间的挤压也越大，因此性别失衡也会越严重。但是，本书的研究结论与理论预期不一致，认为对于我国而言，在研究阶段内生育率越高的地方出生性别比越高，这一现象值得关注。

我国根据不同民族和民族地区的人口数量、人口分布、自然生存条件以及社会经济发展等因素制定相应的少数民族生育政策。相对而言，少数民族较汉族有着更为宽松的生育政策。因此，本书采用少数民族人口占比指标反映在偏紧的生育政策大环境下，相对宽松的生育政策对出生性别比的影响效应。研究结果表明，少数民族人口占比对出生性别比的影响强度以负效应为主，表示在偏紧的生育政策大环境下，相对宽松的生育政策对出生性别比有着抑制作用，且随着时间演变，负效应的省域逐渐增多，负效应强度也逐渐增强。空间上，作用强度北方省域总体上大于南方省域，且随着时间演变朝着均衡方向发展。

女性平均受教育年限可以从一定程度上反映女性的社会地位，在我国出生性别比升高的近40年间，女性地位有了显著提升。研究结果显示，1980—2000年，对于绝大部分省域而言，女性受教育水平对出生性别比的影响效应为正值，且到2000年其正向作用强度呈现增大的趋势，但在2010年这一正效应则有所减弱，为负效应的省域开始逐渐增多，且负效应强度也有所增强。空间上，则呈现出较大的差异性，1981年除西藏和新疆之外，西部地区省域女性受教育程度对出生性别比升高多为正效应，且影响强度较大，中部地区省域次之；2010年，有12个省域为负效应，以东部和中部省域居多，逐渐趋向"女性地位越高出生性别比越低"的理论预期走向。

第一产业从业人口比例可以用来测度我国生育文化中"男孩偏好"对出生性别比的影响。总体上，关于第一产业从业人口比例对出生性别比的影响方向，正效应占据主体地位，特别是在1981—1989年，表明农业人口比例越高出生性别比也越高。随着时间演变，个别省域的影响效应逐渐从正向转变为负向，且省域之间的差异扩大，为负效应的省域有所增多。表明在计划生育政策实施的初期，在对生育数量进行了限制之后，人们对男孩表现出强烈的偏好。随着经济、社会发展以及文化水平的提升，男孩偏好逐渐有所缓解。

每万人拥有医疗机构数从一定程度上反映了人们获取性别选择技术的便利性。总体上，我国医疗水平对出生性别比的影响以负效应为主，在早期大部分省域并没有呈现出明显的对于出生性别比的推动作用；2000年开始，影响为正效应的省域开始增多，系数分布呈现出右偏形态，空间上的差异显著增大。作用方向和强度都表现出明显的空间集聚性，期初影响效应由南到北逐渐增大，期末西部地区的新疆、西藏、甘肃、宁夏、四川、云南及东北三省的医疗水平对出生性别比的影响转变为正效应，表明随着医疗水平的不断进步，人们通过人为选择胎儿性别实现男孩偏好的可能性增加，从而推动出生性别比上升。

农村每万人拥有养老机构数用以测度社会保障制度建设对于我国出生性别比的影响。研究结果表明，我国各省农村每万人拥有养老机构数对出生性别比的影响总体上为负效应，各省域之间的空间差异性在2000年后较为显著，表明我国社会保障制度的进一步完善对出生性别比失衡的治理起到了重要的作用。只有进一步完善社会保障制度建设，切实解决人们的养老和医疗问题，彻底改变传统"养儿防老"的生育观念，才能从根本上解决出生性别比失衡问题。

由上述分析可知，我国出生性别比在高位运行了数十年之后，目前得到了有效的遏制，但是并没有回到正常范围。按照出生性别比发展一般规律，越是接近正常值，其下降难度越大。我国出生性别比失衡的问题，不论是在其自身特征还是其影响因素方面，都表现出了显著的时空分异特征。结合实证研究和文献研究，本书提出如下政策建议：注重人口发展的战略性、全局性和长期性，从国家宏观层面进行出生性别比治理的统筹安排，构建系统性的社会治理框架，促进性别平等；进一步加强文化教育，树立性别平等意识，充分激活女性就业动力；全面落实"二孩政策"，保障妇女权益；通过税收减免、费用补贴等多重方式减少家庭教育费用负担，增建教育、医疗等基础设施；重视人口性别比的地区差异和城乡差异，在制定应对措施时有区别地进行；加强监督，严厉打击非医学需要的胎儿性别鉴定；完善社会保障制度及配套政策，解决医疗及养老后顾之忧。

关键词：出生性别比；性别失衡；时空异质性

目　录

1 绪论

1.1 研究背景及意义

1.1.1 研究背景

过去40年中国经历了世界上最快的生育率转变，但同时也出现了另一种重大的人口转变趋势，即自20世纪80年代以来出生人口性别比（简称出生性别比）不断上升。其被看作是中国人口年龄性别结构转变的重要特征之一，引起了政府及社会各界的大量关注（杨菊花，等，2009）。伴随着我国人口发展进入深度转型期，人口发展的内在动力和外部条件发生了重要的转折性变化，人口发展不平衡、不充分问题已上升为我国人口发展的主要矛盾（何维，2019）。

出生性别比（Sex Ration at Birth，SRB），是指某一时期（通常为一年）内活产男婴与活产女婴人数之比，一般以每100名女婴对应男婴的人数表示（姜全保，等，2019）。出生性别比是人口学研究的重要指标之一，是人口性别年龄结构发展变化的自然基础和人口性别的动态起点（李智，等，2016）。从严格意义上说，这一数值并不是出生人口真实的性别比，但在每年出生人口数达到一定规模满足大数定律时，可以认为出生性别比与真实值差异不大（胡耀岭，2010）。在没有人为因素干扰的情况下，出生性别比仅受到自然生物因素的影响，应是一个稳定的统计指标，可以作为判断一国（地区）性别结构是否合理的重要依据。

人口是社会发展的基石，一切社会经济活动都离不开人这一主体，因此一个社会的可持续发展内在要求人口具有合理的结构。性别结构是人口结构的基本要素之一。出生性别比是否处于一个合理范围，不仅对总人口性别比以及分年龄性别比具有决定性作用，还影响着未来的人口增长趋势，在一定程度上对一国（地区）的社会经济运行产生深远影响。从生物学的角度出发，在一般且随机的情况下，人类新生儿的性别比例理应趋近于1∶1，而在统计学与人口学的视角下，国际上认可的出生人口性别的自然范围为103～107（杨鑫宇，2019）。中国出生性别比则远超出这一值域范围，呈现如下特征：

1. 出生性别比长期居高不下

中国出生性别比偏离正常范围这一问题，并不是始终存在，而是自20世纪80年代后才出现的。1982年我国第三次人口普查公布1981年我国全国出生性别比为107.6之后，开始有学者注意到这一异常现象。此后我国的出生性别比在小幅波动中连年攀高，第四次人口普查显示1989年全国出生性别比为111.9，第五次人口普查显示2000年全国出生性别比为119.9，2007年达到历史峰值125.5之后小幅回落，第六次人口普查显示2010年全国出生性别比为121.2，严重偏离了出生性别比的正常范围。

从区域来看，我国出生性别比城乡差距较大，乡村的出生性别比明显高于城市。2000年，全国乡村出生性别比为121.9，城市出生性别比为114.4，乡村高出城市7.5个百分点；2010年，乡村出生性别比为119.9，而城市出生性别比为115.7，乡村高出城市4.2个百分点（黄国华，等，2018）。另浙江大学2017年发布的《中国农村家庭发展报告（2016）》显示，我国农村0～4岁少儿男女性别比已到122，孩次越高性别比也越高，第二、三胎性别比失衡达到了125.4和146.3，尤其是当第一胎是女孩时，第二胎的男女性别比例高达194.3，孩次越高性别比失衡越厉害（杨华，2019）。

对于出生性别比偏高，学者们认为很大一部分原因，是1978年我国实行的计划生育政策，通过限制生育数量的方式压缩了人们的生育空间，而在男性偏好传统观念的驱使下，人为的性别选择方式干扰了本应正常的生育结果（林建宇，2016）。为扭转出生性别比失衡的局面，政府也出台了一系列措施，如2002年颁布了《关于禁止非医学需要的胎儿性别鉴定和选择性别的人工终止妊娠的规定》，2003年国家人口计生委在部分试点县开展"关爱女孩行动"，对农村的独女户和纯女户施行针对女孩教育、父母社保和家庭财政的政策扶持或物质奖励。这些举措在短期虽然取得了一定成效，但从长期来看，并未从根本上解决中国出生性别比失衡这一问题（范子英，等，2017）。

2. 出生性别比由初期个别省域失衡逐步发展为全国普遍失衡

在第三次人口普查公布的数据中，1981年仅有安徽、广西、广东、河南、山东、陕西、山西、江苏、浙江、吉林、四川和河北，共计12个省域出生性别比超过107，最高超出幅度只有4.0%。但是，到2010年，第六次人口普查显示，全国仅有西藏和新疆没有失衡，其余均超过出生性别比正常范围，且超出幅度较 1981 年显著增加。如安徽出生性别比甚至高达 131.1，超出正常范围最高值 22.5%，超过 120 的省域更是多达 12 个。仅经过 29 年的时间，出生性别比失衡的范围就由最初的不到半数扩散到了绝大部分，且失衡的程度进一步加深，如此严重的持续性失衡说明出生性别比偏高的现象不是一时一地偶然发生的，而是有着植根于广大地区的深层原因。

3. 我国是迄今为止世界上出生性别比失衡最严重的国家

出生性别比失衡并不是我国独有的问题，在其他国家（地区）也曾经出现过，如韩国、印度等，但像中国这样失衡程度异常严重且持续时间长达三十多年的，迄今为止，在世界范围内还没有第二个国家（地区）发生过（杨菊华，等，2015）。我国已经成为世界上出生性别比异常偏高的国家，同时也是发展中人口大国在人口转变阶段出生性别结构严重失衡的国家（胡耀岭，原新，2012）。联合国发布的《世界人口展望 2017》，以每五年为一个时间段，共统计了 200 个国家（地区）的出生性别比，发现 1970 年以来，全世界曾有18 个国家（地区）出现过出生性别比失衡，当中失衡程度较为严重的有 9 个（出生性别比曾高于 110），如图 1.1 所示。

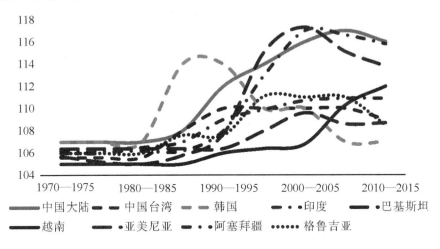

图 1.1　部分国家（地区）出生性别比（1970—2015 年）

数据来源：World Population Prospects2017 ［EB/OL］. https：//population. un. org/ wpp/ Download/Standard/ fertility，2019-03-09.

由图 1.1 可知，这 9 个国家（地区）出生性别比的失衡几乎都发生在1980 年以后，其中较为严重的是中国大陆、韩国、亚美尼亚和阿塞拜疆，它们的出生性别比至少有两个时间段高于 114。韩国的出生性别比自 2005 年后，逐渐下降回落到正常水平，而亚美尼亚和阿塞拜疆出生性别比失衡的出现比中国大陆晚了 10 年。其余 4 个国家（地区）的出生性别比失衡，或发生的时间晚于中国大陆，或失衡的程度不如中国大陆严重。在世界上出生性别比失衡的国家中，我国的出生性别比失衡持续时间最长、问题最严重（顾宝昌，2011）。

出生性别比失衡不但是重大的人口问题，而且是重大的社会经济问题，会对国家发展和人民生活产生诸多不利影响。如性别比例失衡会限制女性的生存权和发展权，造成男性的婚姻挤压，进而影响家庭稳定，引发一系列社会问题和矛盾。中国出生性别比长期持续偏高引起了政府有关部门的高度重视，尽管采取了多项措施进行综合治理，但迄今为止这一失衡局面尚未逆转。要想解决这一问题，首先必须厘清造成出生性别比偏高的原因及其作用机制，进而采取有针对性的、行之有效的措施（刘华，等，2014）。

近 40 多年来，学者们对我国出生性别比的特征、失衡的原因、作用机制、后果、综合治理等方面进行了大量理论和实证研究（乔晓春，2004；杨菊华，2008；陈友华，等，2009；Echávarri，Ezcurra，2010；刘华，等，2014）。尽管研究成果丰富，但是对于出生性别比的影响因素及其作用机制存在不同看法。同时，以往研究多采用经典统计分析方法和传统计量模型，假设研究样本在时空上同质独立；但在实际中，由于我国幅员辽阔，民族众多，不同地域间在自然环境、发展水平、社会风俗等方面存在诸多不同，因此经济、社会行为或活动等也具有显著的时空特征。现有研究多忽略了出生性别比及其影响因素的时空分异特征，导致研究结论存在误差。因此，有学者提出在分析出生性别比失衡问题时，考虑到此现象在我国存续时间长、覆盖范围广，有必要引入时空分析视角和相应方法（胡耀岭，2010；刘华，等，2014；闫邵华，等，2018）。但是，受限于研究方法的发展，针对我国出生性别比影响因素及其时空异质性的研究成果并不全面和深入。

综上，本书利用中国 1982 年以来历次人口普查数据，从我国选取 29 个省（直辖市、自治区）（简称省域）为研究对象，采用描述性统计分析、空间统计分析和空间计量模型中的时空地理加权模型，对中国出生性别比时空特征及其影响因素的时空异质性进行深入探究，进一步识别各因素对我国出生性别比影响的时间和地区差异，并有针对性地提出治理出生性别比失衡的相关建议。

1.1.2 研究意义

人口问题始终是制约我国社会协调可持续发展的重大问题，是影响经济高质量发展的关键因素。我国不但是世界上人口最多的国家,人口基数大、新增人口多,而且出生性别比偏高现象已经在我国持续了近 40 年,影响时间长、范围广。虽然这一问题已经引起了全社会的普遍关注,政府部门也高度重视,并出台了一系列政策措施,在综合治理背景下,持续升高的出生性别比趋势也得到了有效遏制,但是并没有回归到正常范围,要使其恢复到正常水平仍存在较大难度。出生性别比失衡对人口结构影响非常明显,可能带来的人口与社会经济后果也是复杂和久远的,影响着社会经济协调发展和可持续发展。

对出生性别比失衡进行治理,要在对偏高的出生性别比全面、客观和准确的认识基础上实现。出生性别比偏高只是一种表象,它的背后有着复杂的社会、经济、文化和政策方面的动因。加之我国国土面积广阔,省域的失衡又各具特点,只有在充分了解各项影响因素及其作用机制的基础上,才能有的放矢地解决这一问题。本书从时空异质性视角出发,在探究中国出生性别比发展历史及现状的基础上,采用空间统计分析方法和空间计量模型,旨在厘清中国出生性别比升高的主要影响因素及其作用机制的时空异质性特征,希望从实证视角,进一步丰富中国出生性别比失衡问题的理论研究。同时,更有针对性地提出对策建议,为政府决策提供有效参考。从这一视角出发,研究我国出生性别比及其影响因素的时空异质性特征,具有一定的研究意义。

1.2 文献综述

1.2.1 文献计量分析

对我国出生性别比的研究,起步于 20 世纪 80 年代中后期。1982 年全国出生性别比为 108.5,已超出正常值范围。但是,由于之前年份数据偶尔也会超出正常值域范围,因此并没有引起人们足够的警觉和重视。那时只有个别从事人口研究的学者如张皖松等(1983)、李伯华(1983)、刘爽(1985)等注意到这一问题并撰文论述,但多为定性描述分析,对于这一问题的研究并不深入。直至 1987 年 1% 人口抽样调查显示全国出生性别比升至 110.9,以及 1990 年第四次人口普查显示全国出生性别比升至 111.3,学术界开始广泛关注我国出生性别比偏高的问题,并对此进行深入研究(周全德,2013)。

以"出生性别比"为关键词,在中国知网中的"主题"中进行搜索,截至 2019 年 7 月 30 日,共检索到 3 242 篇相关文献。其中,中文文献为 2 020 篇,最早发文时间为 1982 年,发文的高峰时期为 2012 年,发表了 159 篇相关文献，发表年度趋势如图1.2所示（2019年数据为预测值）。

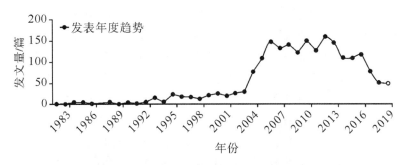

图1.2 中国知网中"出生性别比"文献发表年度趋势

由图1.2可知，学界对我国出生性别比问题的研究经历了缓慢增长、快速增长、稳定发展与逐渐回落四个阶段。1983—2003年发文数量缓慢增长，其中1990年代初，每年发文数量约为20篇；2004—2012年，随着2000年第五次人口普查和2010年第六次人口普查数据发布，每年的发文量快速增长到接近百篇并保持小幅波动，2012年达到最大值159篇之后，对这一问题的研究热度逐渐回落，2018年全年发文51篇。预计2020年第七次人口普查开始后，随着相关数据的公布，对"出生性别比"问题的研究会再次成为热点。中文文献发表数量居前10位的学者及其主要研究主题如表1.1所示。

表1.1 中国知网中"出生性别比"文献发表数量前10位学者及其主要研究主题

编号	作者	单位	发文量	主要研究主题
1	李树茁	西安交通大学	43	人口性别结构演变 性别失衡后果、风险及治理 婚姻挤压 出生性别比治理 性别失衡与社会可持续发展 出生性别比与计划生育政策 男孩偏好
2	原新	南开大学	22	出生性别失衡形势、特征与治理 生育政策与出生人口 出生性别比影响因素分析
3	汤兆云	华侨大学 河北大学	23	选择性生育 出生性别比综合治理 生育政策、经济水平、技术性因素对出生比偏高的影响 女性赤字及其后果

表1.1(续)

编号	作者	单位	发文量	主要研究主题
4	刘爽	中国人民大学	17	性别偏好及其地区差异 出生性别比识别、特点与成因 出生性别比变化、趋势 世界人口出生性别比
5	陈友华	南京大学	16	出生性别比偏高的原因、后果及治理 继发性性别失衡 性别偏好、性别选择与出生性别比 婚姻挤压、男性人口过剩 生育政策与出生性别比
6	翟振武	中国人民大学	14	出生人口的新变化、趋势 基于不同来源数据的出生性别比分析 出生性别比水平与数据质量研究 人口均衡型社会
7	杨雪燕	西安交通大学	14	性别失衡的公共治理 农村地区性别失衡男性行为研究
8	陈卫	中国人民大学	13	出生性别比偏高的长期后果 生育政策与出生性别比失衡 外来人口对城市地区性别比的影响 性别偏好与妇女生育行为
9	曾毅	北京大学	13	出生性别比升高原因及其后果分析 二孩生育政策与出生性别比
10	宋健	中国人民大学	12	宽松生育政策环境下的性别比失衡 性别偏好的代际影响 性别失衡治理——协调社会政策

备注：以上文献数据收集时间截至2019年7月30日。

由表1.1可知，上述学者主要围绕着我国"出生性别比"问题展开了一系列研究，研究内容聚焦于"出生性别比的形势与特征""出生性别比失衡影响因素""出生性别比失衡后果""性别偏好""生育政策与出生性别比""生育行为与出生性别比""出生性别比治理"等方面。在发表的中文文献中，被引次数最高的20篇文献如表1.2所示。

表 1.2 中国知网中"出生性别比"文献被引次数前 20 篇

编号	作者	题目	出处	引用次数
1	乔晓春	性别偏好、性别选择与出生性别比	中国人口科学，2004	197
2	郑伟，林山君，陈凯	中国人口老龄化的特征趋势及对经济增长的潜在影响	数量经济技术经济研究，2014	169
3	曾毅，顾宝昌，涂平，等	我国近年来出生性别比升高原因及其后果分析	人口与经济，1993	159
4	原新，石海龙	中国出生性别比偏高与计划生育政策	人口研究，2005	146
5	郭志刚	中国的低生育水平及其影响因素	人口研究，2008	138
6	曾毅	试论二孩晚育政策软着陆的必要性与可行性	中国社会科学，2006	134
7	郭志刚，邓国胜	中国婚姻拥挤研究	市场与人口分析，2000	127
8	穆光宗	近年来中国出生性别比升高偏高现象的理论解释	人口与经济，1995	125
9	杨发祥	当代中国计划生育史研究	浙江大学，2004	120
10	李树苗，姜全保，伊莎贝尔·阿塔尼，费尔德曼	中国的男孩偏好和婚姻挤压——初婚与再婚市场的综合分析	人口与经济，2006	114
11	张二力	从"五普"地市数据看生育政策对出生性别比和婴幼儿死亡率性别比的影响	人口研究，2005	95
12	顾宝昌，徐毅	中国婴儿出生性别比综论	中国人口科学，1994	94
13	顾宝昌，罗伊	中国大陆、中国台湾省和韩国出生婴儿性别比失调的比较分析	人口研究，1996	92
14	刘爽	对中国生育"男孩偏好"社会动因的再思考	人口研究，2006	91

表1.2(续)

编号	作者	题目	出处	引用次数
15	解振明	引起中国出生性别比偏高的三要素	人口研究，2002	90
16	陈友华，米勒·乌尔里希	中国婚姻挤压研究与前景展望	人口研究，2002	87
17	张翼	中国人口出生性别比的失衡、原因与对策	社会学研究，1997	87
18	曾毅	中国人口老化、退休金缺口与农村养老保障	经济学（季刊），2005	86
19	刘中一	场域、惯习与农民生育行为布迪厄实践理论视角下农民生育行为	社会，2005	85
20	李冬莉	儒家文化和性别偏好：一个分析框架	妇女研究论丛，2000	82

表1.2中高引用率的文献，是本研究领域中的经典文献，其研究主题与表1.1中总结的主要研究内容基本一致。在已发表文献的中文文献中，主要关键词排序和关键词共引网络图，分别如图1.3和图1.4所示。

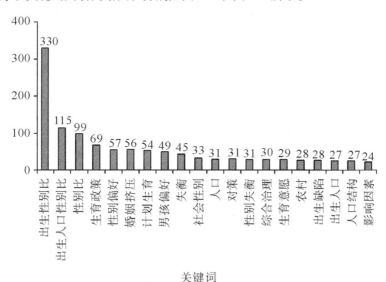

图1.3 中国知网"出生性别比"文献关键词排序

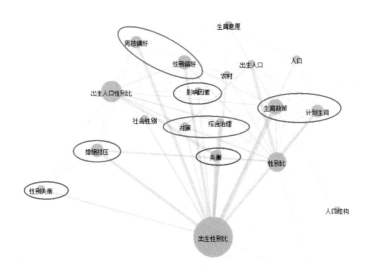

图 1.4　中国知网 "出生性别比" 文献关键词共引网络图

与对表 1.1 和表 1.2 的总结类似，由图 1.3 和图 1.4 可知，学者们针对"出生性别比"的研究，主要聚焦在"性别失衡""婚姻挤压""计划生育政策""男孩或性别偏好""对策与综合治理""影响因素"等主要方面。

　　综合上述对"出生性别比"主题文献的计量分析可知，从宏观层面看，目前学者针对中国出生性别比问题，按研究内容分类和时间脉络主要开展了以下三方面研究：第一，1982 年"三普"到 1990 年"四普"，研究围绕着我国出生性别比是否存在失衡展开；第二，20 世纪 90 年代中后期，我国出生性别比严重失衡的事实引起了政府部门和专家学者们更多的关注，研究重点聚焦于出生性别比偏高的事实、特征、影响因素及其作用机制方面；第三，2000 年"五普"之后，学者们的研究重点集中在出生性别比失衡对社会的影响效应及其综合治理方面。下面按照这一研究脉络进行细致的文献综述。

1.2.2　出生性别比是否存在假性失衡

　　20 世纪 80 年代中期至 90 年代中期，对我国出生性别比的研究处于初期阶段。这一阶段的研究多以描述统计分析和定性分析为主，利用人口普查的数据资料对我国出生性别比的时间、地区、孩次等特征进行分析。研究重点集中在出生性别比的正常范围确定和我国统计数据上显现出的出生性别比偏高是"真实失衡"还是"假性失衡"上。

　　首先，需要厘清的关键问题是：一国（地区）的出生性别比是否存在一个确定的正常值范围，倘若不存在这样一个值域，那么讨论出生性别比是否失衡也就失去了意义。关于出生性别比的正常范围，国内外学者依据不同数据进行了多项研究。如 Johansson 和 Nygren（1991）分析了瑞典自 1749 年以来 240 年的出生性别比数据，发现该国出生男女的性别比波动范围微小，其值基本保持在 105~106，且在不同地区、孩次及母亲年龄的分组中没有显著差异。Parazzini 等（1998）利用世界卫生组织数据库的数据，对 29 个国家 1950—1994 年的出生性别比变化进行了一次较大规模的统计分析，结果显示在该样本区间内，有 16 个国家的新生婴儿性别比下降，6 个国家升高，7 个国家保持平稳。出生性别比升高的国家主要集中在南欧国家及澳大利亚，而西欧国家和墨西哥的出生性别比则表现出下降趋势，主要国家如欧盟各国、美国和日本出生性别比走势平稳，分别稳定在 105.8、105.3 和 105.7。刘爽（2009）利用《联合国人口年鉴》中具有一定代表性的发达国家（地区）和发展中国家（地区）数据，对这些国家（地区）20 世纪 80 年代与 90 年代的出生性别比进行描述性分析，发现在所统计的 62 个国家（地区）中，有 91.9% 的国家（地区）平均出生性别比都在 103~107，当中又以处于 105 的国家（地区）最多，占到统计总数的 46.8%。

诸多统计事实表明，在自然状态下出生性别比正常取值应为 105±2，且该值在不同时间不同地域都表现出了一定的稳定性，可以认为当某一国（地区）的出生性别比高于 107 时，即认为存在出生性别比失衡事实。在确定了出生性别比正常范围之后，学者们的研究开始转向我国出生性别比升高是"真实失衡"还是"假性失衡"的争论，这一阶段历经 10 年，从沉寂、争论到认同，走过了一段非常漫长、曲折的历程（汤兆云，2014）。

所谓假性失衡，是指出生性别比数据表现出的女婴缺失，实际上是由于瞒报或漏报造成的，这些女婴是真实存在的，只是没有在报送中纳入统计，从而在数据上造成了出生性别比的假性失衡（杨云彦，等，2006；胡耀岭，2010）。或者，换句话说我国出生性别比升高只是一个被表面现象掩盖的假问题。关于这一问题的争论，有如下三种观点：

第一种观点认为中国出生性别比失衡是客观存在的事实。如刘爽（1988）分析了第三次人口普查 2 000 多个县级汇总数据，认为中国的出生性别比失衡是在全国范围内普遍存在的，且随地势的升高而呈现递减态势，出生性别比分别高于 110 的县份几乎全部集中在人口密度线的东南部分；1981 年农村、少数民族的出生性别比高于同期城市、汉族的水平。乔晓春（1992）基于第三次人口普查、1987 年的 1% 人口抽样调查以及第四次人口普查的数据，认为中国出生性别比偏高具有持续上升的特点与趋势，中国新生婴儿的性别失衡不仅是统计事实，而且还体现出不稳定性，这与国际上其他国家的出生性别比通常稳定在 103~107 有明显的不同。

第二种观点则认为中国出生性别比偏高是统计数据失真的假性失衡。如徐毅和郭维明（1991）研究发现，1985 年以后中国出生性别比的异常升高主要是由农村出生性别比增高造成的，具体而言，是农村计划外生育出生性别比明显高于正常值所致。他们认为引起出生性别比失衡的原因主要是农村出生统计中存在漏报、瞒报女婴的现象。曾毅和顾宝昌等（1993）使用存活反推法，即以后一期调查数据反推出前一期"应有"出生人数，或用人口普查中高年龄组（5 岁以上）估算出低年龄组的性别比，再与实际登记的出生性别比对比，发现女婴的漏报率是男婴的 2 倍以上，故认为中国 20 世纪 80 年代出生性别比失衡超出正常部分的 1/2~1/3 部分是由于女婴漏报造成的。顾宝昌和徐毅（1994）认为出生性别上的瞒、漏、错报是形成我国目前统计数据中出生性别比升高失衡的重要因素。国外研究学者称这种情况为"女孩失踪"现象，也进行了一些相应研究。Cai 和 Lavely（2003）认为"女孩失踪"有"实际失踪"和"名义失踪"之分，前者指性别选择机制带来的真实的女孩失踪，后者指在除"实际失踪"的部分外，还包括部分存活女婴，在统计数据中消失的假性失踪，即女孩的瞒报和漏报。他们根据 2000 年我国第五次人口普查数据，估计在 1980—2000 年出生人口中，"实际失踪"的女孩人数约为 850 万人，名义失踪女孩约为 1 200 万人。

第三种观点则认为我国出生婴儿性别比偏高是"真实的提高"和"虚假的提高"二者共同作用的结果（汤兆云，2007）。如李伯华（1994）认为 1989 年全国城镇出生性别比实际上最高也不会超过 107.7，同期全国农村最高也不会超过 110.2，由此认为城镇的出生性别比上升是"假性上升"，而农村的出生性别比"真性"与"假性"的影响大致持平。李涌平（1993）、高凌（1993）、马瀛通（1994）等研究也表明，所谓人口统计失真的问题并不足以解释我国出生性别比持续升高的事实（周全德，2013）。

但是，进入 20 世纪 90 年代中后期，随着统计制度的不断完善，瞒报、漏报现象的减少进一步保证了数据的准确性，以及随着胎儿性别鉴定技术的普及，学术界基本上否定了瞒报、漏报女婴是引起出生性别比升高的主要因素这一观点，并逐渐达成共识，认为我国出生性别比异常偏高、持续升高不是因统计原因而出现的"假性"失衡，而是非统计原因的"真性"失衡。这是已经存在的客观事实（杨洪涛，2008；胡耀岭，2010）。这一共识为认识和解决我国出生性别比问题研究提供了最基本的依据，具有方向性的意义（汤兆云，2014）。

1.2.3　出生性别比影响因素及其作用机制

经历了 20 世纪 80 年代初到 90 年代初 10 年左右的争论，政府部门和学界逐渐达成共识，认为中国出生性别比偏高是真实存在的现象（乔晓春，2004；候佳伟，等，2018）。此后，20 世纪 90 年代中后期，随着研究的进一步深入，研究内容从"出生性别比是否存在"转向"是何种原因造成出生性别比的失衡"的理论和实证研究。由于自然生物因素对出生性别比的影响微乎其微，其影响力度不足以导致出生性别比出现明显的"异常"现象。因此，学者们将研究视线更多地投向影响出生性别比的人口、社会、经济和文化等因素上，在研究方法上引入了可以量化各种因素对出生性别比影响强度的计量模型（石雅茗，2016）。

1. 人口学变量的影响

早前研究从人口学视角出发。这一视角的研究认为影响出生性别比的因素主要包括父母年龄、已出生孩子的数量、性别及孩次结构等。如 Jacobsen 等（1999）研究了丹麦 1980—1993 年超过 80 万出生婴儿的数据后，认为孩子的性别与母亲的年龄没有显著关系，但在父亲年龄小于 25 岁的组别中男婴占比为 51.6%，高于父亲年龄大于 40 岁的 51.0%。马瀛通等（1998）、乔晓春（2004）等在分析了 1997 年全国人口生殖与健康调查第二期数据后发现，一孩的出生性别比最低且基本处于正常范围内，对于孩子性别的人为选择多发生在高孩次，并建立多元回归模型进行定量分析，认为低孩次孩子数量、性别是导致高孩次出生性别比升高的原因。

杨菊华（2008）基于实地调查的访谈资料，发现村民生育意愿下降，但对男孩仍有显著偏好。刺激这一倾向性选择的因素主要为：儿子在家族政治中具有显著地位，他们认为只有男性才能胜任当地的工作，女儿出嫁后父母面临空巢家庭，内心感情寄托无法得到满足等。同时，基于中国人口信息研究中心和南开大学人口与发展研究所的调查数据，以受访者活产儿子为因变量建立定量模型，发现若受访者年龄越大，或有指望儿子养老或男性有传宗接代的想法，生育儿子的数量将会增加，受教育程度与儿子的数量呈负相关。

王军等（2014）将出生性别比的失衡原因分解为孩次结构变化因素（结构效应）、各孩次出生性别比水平因素（水平效应）以及这两者之间的交互效应，并利用"四普""五普""六普"和 2005 年 1% 人口抽样调查数据测算上述效应，认为中国一孩比重上升和多孩比重下降这一孩次结构的变化，对出生性别比失衡起到了抑制作用；分孩次出生性别比的上升是导致中国城乡出生性别比升高的主因，但孩次结构变化对城镇出生性别比的影响呈现波动跳跃性，而对农村出生性别比失衡则基本起到了抑制作用。

2. 经济与文化的影响

随着研究的深入，学术界逐渐认识到影响我国出生性别比的因素是复杂的，不是由某个因素的单一影响造成的，而是由多种因素共同作用产生的复杂结果。这些因素包括人口、社会、经济、文化及生育政策等因素。出生性别比与这些因素相互互动、相互影响、相互作用。因此，学者们开始从政治、经济、文化、社会生活等多视角，以及个人、家庭、社区、公共社会等多层面展开深入研究（周全德，2013）。

Hull（1993）认为中国出生性别比异常高的原因主要为：①溺杀女婴，他认为这是中国那些高出生性别比地区的传统做法，计划生育政策助长了这一陋习；②产前性别鉴定，当父母有机会利用医疗技术确定胎儿性别的时候，将进行流产女婴、保留男孩的性别选择；③统计漏报和错报，女孩出生以后被父母隐藏、瞒报以达到再生男孩的目的。

顾宝昌和徐毅（1994）认为我国出生性别比异常的主要原因与生育妇女的文化程度、居住地、民族、原有子女性别等因素相关；出生统计中的瞒、漏、错报是引起报告数据中出生性别比偏高的重要原因；非法运用 B 超进行胎儿性别鉴定而引起的性别选择流产亦有一定影响。马瀛通（1994）认为影响我国出生性别比的主要因素有生物自然因素（如受孕性别比）、外在因素（如胎儿死亡性别比、死产性别比及性别选择性人工流产）等受社会政治、经济和文化等影响的因素。穆光宗（1995）认为 20 世纪 80 年代后期，我国出生性别比偏高的作用机制是过于强烈的歧视性性别偏好和过于狭小的生育选择空间相互冲突和挤压，最终通过"瞒、漏报行为"和"B 超行为"共同形成的结果。高凌（1995）以"四普"数据为基础，认为人口变量（生育年龄、孩次、已有孩子性别）和种族因素，都不是我国 20 世纪 80 年代以来人口出生性别比上升的因素，造成我国出生性别比升高的主要原因，是在重男轻女传统影响下的选择性申报和选择性生育行为。

Sten（1996）研究认为中国出生性别比偏高是由于出生女婴由他人进行领养但是并没有在相关部门进行申报所造成的。Johnson 等（1998）利用中国 20 世纪 90 年代中期对弃婴和收养情况的实地调查，发现被收养的孩子中 60% 是弃婴，而弃婴中 90% 都是女孩，这种状况大多发生在 20 世纪八九十年代，弃嬰的增多与计划生育控制密切关联，与孩子的性别、出生孩次和家庭现有孩子性别结构有关。李树茁和朱楚珠（1996）通过对我国20世纪80年代出生性别比和女婴生存状况分析，发现自20世纪80年代中期开始，出现高出生性别比和偏高的女婴死亡水平两个现象，同时存在于大多数省区和一些民族。高出生性别比和偏高的女婴死亡水平根本上是由强烈的男孩偏好所造成的，它同时又被快速的生育率转变所转变。曾毅（2004）认为1983—1990年我国女婴漏报导致出生性别比升高的第一位原因是女婴漏报而不是女婴出生时死亡率超常增高，性别选择性人工流产是出生性别比升高的第二位原因。Gupta（2005）认为中国人口普查数据显示婴儿的性别与妇女已有孩子的性别高度相关，说明中国的出生性别比并不只受生物学因素影响，并回顾中国1920年以来的出生性别比，认为波动的原因是经济发展水平或意识形态的变化。

Poston等（1997）对中国"男孩偏好"和出生性别比的关系，分不同的省进行了实证研究，发现"男孩偏好"和出生性别比之间存在正相关关系。刘爽（2007）提出中国的出生性别比失常不仅仅是一种人口现象，更是十分复杂的社会文化现象，它的内在动因是具有深厚文化底蕴和长久历史传统的生育"性别偏好"（在中国就是典型的"男孩偏好"）及相应的性别选择。Christophe（2009）通过对亚洲国家出生性别比变化的分析，发现中国对男孩的性别偏好不减反增。薛福根与曾德冬（2009）运用湖北省人口普查数据，对出生性别比失衡的影响因素进行研究，认为出生性别比失衡的根源是落后的经济基础，该地区对男性劳动力的刚性需求不能被其他非劳动力生产要素所替代，这是一种经济理想选择的结果，因此落后的经济基础与传统的重男轻女文化等因素共同导致了出生性别比偏高。

陈友华和徐愫（2009）认为经济发展水平对出生性别比的影响不是单调的，而是呈现倒"U"形，即当经济发展水平足以满足人们用于支付人为选择胎儿性别的费用时，随着经济进一步发展，鉴定胎儿性别和选择性人工流产将增多，从而促使出生性别比升高。但当经济发展达到一定水平，人们的收入水平上升，生育观念发生变化，社会的养老制度逐渐完善，子女对父母的效用也随之下降，使得出生性别比逐渐恢复到正常范围。Echávarri和Ezcurra（2010）指出教育对缓解性别不平等有重要作用。一方面，受教育程度越高，人们对于性别越不会表现出偏好；另一方面，受教育程度又能增加人们接触到性别选择技术的能力和自由，因此教育对于出生性别比的最终效应，需比较上述相反效应大小后方能得知。文中利用1991年印度人口普查数据，以识字率衡量教育水平，并加入一系列控制变量建立模型，实证结果显示出生性别比与教育水平之间存在非线性关系。

胡耀岭（2010）认为随着人口迁移和区域间文化交流的增多，变量在空间上的自相关性不可忽视，因此采用空间滞后模型定量分析各因素对出生性别比的影响。结果表明出生性别比的变化在空间上存在集聚性、传染性和扩散性，空间自相关为"高—高"和"低—低"类型，各影响因素也呈现正向的显著空间自相关。经济发展指标、妇女受教育水平与出生性别比偏高之间是正相关关系，这与理论分析结果相反。本书作者认为这仅仅是针对2000年的数据得出的结论，不排除两个指标存在阈值的可能，当经济发展尚未发达到足以扭转人们的男孩偏好观念时，收入的提高首先激发的是人们对男孩传宗接代的需求；而妇女平均受教育水平处于较低阶段会造成妇女维权、性别平等意识不足。刘华等（2014）提出由于受到相邻地区社会、经济、文化等因素的影响，传统的计量经济常系数模型无法探测出生性别比分布在空间上的异质性，故而采用地理加权回归模型研究中国农村地区出生性别比的空间异质性。模型的估计结果表明，各个因素对不同地区出生性别比的影响存在显著的空间差异。其中，经济因素、文化因素与出生性别比之间的关系呈倒"U"形，社会保障因素系数为负的省域农村地区个数随时间的推移上升，大部分省域农村地区的城镇化因素和政策因素对出生性别比表现出负向影响，而医疗水平的上升会导致出生性别比上升。

侯佳伟等（2018）基于152项调查的横断历史元分析表明，近40年来，男孩偏好一直呈明显弱化趋势，中国人理想男孩数从1979—1989年的0.6人减至2010—2017年的0.4人，其占理想子女数的比例由34.5%降至27.9%。同时，女孩偏好也呈弱化趋势，社会整体文化氛围正在由有性别偏好向无性别偏好转变。性别偏好对出生性别比的影响在于，男孩偏好和女孩偏好的弱化不同步，出现"相对数变动效应"。当男孩偏好弱化迟缓于女孩偏好弱化时，呈现出男孩偏好相对强化，从而在生育率持续下降的进程中，导致出生性别比上升。随着男孩偏好与女孩偏好的弱化趋于同步，出生性别比也会恢复正常。

宋健（2018）研究指出，1980年以来的生育意愿相关调查显示，"儿女双全"一直是中国人的主要意愿生育性别，但这一性别偏好的实现基于至少生育两个孩子的前提。换言之，性别偏好与数量偏好相伴随行，不同数量偏好下性别偏好呈现出差异性。2016年由中国人民大学人口与发展研究中心组织的全国6省12市调查数据发现，一孩偏好者往往倾向于性别"无偏好"，二孩偏好者往往倾向于"儿女双全偏好"，三孩及以上多孩偏好者则呈现出比较明显的男孩偏好。上述对我国性别偏好产生原因的分析主要针对农村家庭，集中于经济、文化和家庭等层面，对于当前城市出生性别比悄然失衡且居高不下的现实难以解释。

3. 计划生育政策的影响

我国自从 20 世纪 80 年代出生性别比持续偏高以来，计划生育政策对出生性别比的影响也一直是各界关注的热点问题。如杨菊华等（2009）认为，政策可能直接激化出生性别比的恶化，同时该因素所导致的出生性别比失衡相对于其他因素而言，较容易被控制和扭转，即便生育政策的调整不能完全解决出生性别比偏高问题，但可以在很大程度上缓解该现象并遏制其继续攀升。因此得出"我国生育政策与出生性别比的关系十分密切"的结论。

我国推行限制性的计划生育政策近 40 年，具有明显的城乡二元体制、地区差异和民族差异的特点。计划生育政策包含了三类不同政策：一孩政策、一孩半政策和二孩政策，同一计划生育政策下，其实施和贯彻的严格程度也有所差别（刘华，等，2016）。伴随计划生育政策的差异，相应研究也分为两个主要阶段：

第一阶段是 1980 年年初至 2013 年，研究主要是针对 1980 年开始实施的"一胎化"计划生育政策对出生性别比的影响。有关这一政策对出生性别比的影响及作用机制，学者们并未达成完全一致的认识，存在如下不同观点：

第一种观点认为二者无关，或者作用非常有限。如蔡菲和陈胜利（2005）明确提出计划生育政策不是影响出生性别比升高的主要原因，二者无关。理由为：①出生性别比偏高在亚洲国家带有共性，不是中国独有的现象；②出生性别比升高状况与生育政策的限制程度没有关系；③二孩出生性别比偏高是由当前人们理想生育子女数所决定的；④出生性别比偏高的原因是复杂的，只要有男孩偏好存在，即便没有生育政策，出生性别比也可能失常。

第二种观点认为计划生育政策的实施直接导致出生性别比升高，二者存在明显的逻辑关系。如张二力（2005）以"五普"数据为基础，分析了全国 343 个地级市的出生性别比、婴儿死亡率性别比与生育政策的关系。分析表明实行"第一个孩子为女孩、间隔几年允许生第二个孩子"生育政策的人口比例越高的地区，出生性别比和婴儿死亡性别比失常越严重；实行较为宽松生育政策的地区比较接近正常。因此，他认为实行较为宽松的生育政策有利于解决目前出生性别比严重失常和女婴死亡严重偏高的问题。

杨菊华（2006）指出计划生育政策是造成或加剧我国出生性别比偏高的主要原因之一，且其作用因政策的地区差异和胎次而异。出生性别比的失衡发生在严格的限制性生育政策推行之后，故二者满足因果关系的时间前提；且在一孩半生育政策地区，出生性别比最高，但政策的作用主要表现在第二胎。郭志刚（2007）利用非线性分层模型，在控制个人层级自变量及其与地区层级自变量交互效应的前提下，对"五普"所有孩次和二孩以上孩次的出生性别比分别建模，模型结果表明计划生育政策对出生性别比有直接影响，并通过育龄妇女已生育子子数量和性别结构、户籍类型、受教育程度之间的交互效应来影响出生性别比。乔晓春（2008）认为从数据上看，第一孩为男孩和第一孩为女孩的条件出生性别比差异极大，故生育政策是中国生育数量减少的最重要原因，生育数量的减少导致了出生性别比上升，生育政策对生育数量、二胎生育条件的控制对出生性别比产生影响，是出生性别比严重失常的重要因素。

王军（2013）运用多层次影响因素模型，并引入家庭特征变量分析，也得出相似结论。Li 等（2010）认为汉族和少数民族可接触到的性别选择技术并无差异，且在计划生育政策执行之前，汉族与少数民族的出生性别比十分接近，所以民族间出生性别比的差异可以解释为是由不同生育政策造成的。在实证方法上，利用双重差分法检验计划生育政策与出生性别比之间的因果关系，结果显示对于20世纪80年代出生的婴儿，严格的一胎化计划生育政策执行对出生性别比升高的贡献高达94%，这一政策效应在二孩及以上孩次和农村出生人口中的表现尤为突出。同时，计划生育政策对20世纪90年代及2001—2005年两个时间段出生性别比的升高，分别有57%和54%的贡献率。

第三种观点认为出生性别比偏高是多因素综合作用的结果，中国出生性别比偏高和推行计划生育政策并没有直接关系，二者不是因果关系，而是间接关系。如穆光宗（1995）率先提出"生育偏好"和"生育选择空间"的概念，并将生育偏好分为性别偏好、时间偏好和数量偏好三种类型。他认为中国作为农耕文明国家，长期以来的生育偏好都表现为"生男、早生、多生"。在计划生育政策对生育选择空间造成挤压的情况下，人们对男孩的强烈偏好无法得到满足时，便通过借助医疗技术人为地选择孩子的性别，最终造成了我国出生性别比的失衡。原新和石海龙（2005）发现一些东亚、南亚国家（地区）没有实施调节生育的政策，但也存在出生性别比偏高的现象，同时，在我国计划生育政策施行更严格的城镇出生性别比反而低于农村，因此提出计划生育政策促成了中国生育率快速下降，加速了人口转变的实现，造成了过于狭小的生育选择空间，并与强烈的性别偏好相互冲突和挤压，使得人们在少生孩子的情况下借助医疗技术实现男孩偏好，最终间接影响了出生性别比。

汤兆云（2005）认为由于人口生育政策限制了多生和早生，因此，在我国传统生育意愿的作用下，人口生育政策强化了个体生育者的性别选择意识，其行为结果表现为出生性别比的失衡。石人炳（2009）将生育控制政策影响出生性别比的途径简称为"选择途径"，认为计划生育政策通过压缩家庭对生育数量的选择，间接地强化了人们对胎儿性别的人为干预，但实证结果显示计划生育政策对出生性别比的影响在统计上不显著。他认为这是由于计划生育政策对出生性别比的影响，是基于"男孩偏好"和"选择性生育技术"两个前提条件的，不同的条件对生育政策的影响程度也不相同。

第二阶段研究始于 2013 年之后。2013 年 11 月 15 日，党的十八届三中全会提出"单独二孩"政策；时隔一年，2015 年 11 月 29 日，党的十八届五中全会公报再次提出了"促进人口均衡发展，坚持计划生育的基本国策，完善人口发展战略，全面实施一对夫妇可生育两个孩子"的"全面二孩"政策（陈宁，2019）。接连的生育政策调整可能会促使我国人口发展态势发生变化，出生性别比也不例外。石人炳和陈宁（2015）利用中部四省生育统计数据的实证分析发现，单独二孩政策实施对出生性别比升高有促进作用，其原因在于二孩出生性别比高于总的出生性别比。李桂芝等（2016）认为单独二孩政策对出生人口的增加影响较小，全面二孩政策对于增加出生人口、改善年龄结构、促进出生性别比平衡有积极作用。陈宁（2019）以湖南省和湖北省卫生健康委员会提供的近 5 年出生人口动态监测数据为基础，从出生人口数量与结构、生育水平和生育模式等三个角度对生育政策调整下两省生育状况变动进行了分析，研究发现生育政策调整后总的出生性别比呈现明显下降趋势。

综上，尽管学术界对生育政策与出生性别比的关系问题尚未达成共识，但有四点认识是共通的：①出生性别比的失衡的根源是两性地位的不平等，是多种内外部因素共同作用的结果；②生育政策虽然不是主要原因，但是它与出生性别比的失衡存在着千丝万缕的联系；③政策与出生性别比的关系因政策类型和胎次而异，而以第一胎性别为生育前提的二胎生育政策更是直接或间接地激化了出生性别比失衡的程度；④缓解出生性别比的重要途径之一是要直面政策与出生性别比的关系，淡化生育政策的性别特征（杨成刚，杨菊花，等，2009）。

4. 社会保障制度与政策的影响

我国有着悠久的"养儿防老、家庭防老"的传统观念，特别是在农村地区，社会养老保险意识及产品的缺失，导致生育行为中的"男孩偏好"选择（Zeng，等，1993；Li，等，2004；Ebenstein，2014）。在农村地区推行社会养老保险有助于替代传统的家庭养老方式，削弱农村人口的养儿防老预期，并进一步强化性别平等意识，对出生性别比偏高起到纠偏的重要作用。Ebenstein

和 Leung（2010）使用中国家庭收入动态调查 2002 年调查数据和 2000 年人口普查数据，估计了老农保①政策对地区出生性别比的影响，发现老农保政策的实施显著降低了出生性别比。Zhang（2015）研究发现，在农村地区推行社会养老保险项目，有助于降低农村人口对养儿防老的需求，从而纠正人口性别比失衡，但是政策效果还不十分明显。遗憾的是老农保政策在经历了早期的快速发展后，于 1998 年前后陷入停滞（Shi，2006）。

随着城镇化的快速发展，农村中青年劳动力特别是男性人群离开家乡外出务农，农村老年人家庭养老能力不断弱化，老年人口无人照顾现象普遍。2009年 9 月，国务院发布《关于开展新型农村社会养老保险试点的指导意见》，开始在全国范围内试点新型农村社会养老保险（简称"新农保"）。在政府支持力度、政策覆盖力度和保障力度方面，新农保远超 1992 年曾经实施的老农保政策，并于 2012 年年底实现了全覆盖。新农保的实施首次在我国农村地区建立起了社会养老保障体系，为农村人口的养老提供了稳定的收入来源和新型的养老方式，农村老年人口基本生活得到了重要保障（张川川，等，2017）。马光荣和周广肃（2014）研究发现，即使不考虑个人账户基金，基础养老金收入约占农村居民家庭可支配收入的20%以上，基本达到了政策预期的目标。

新农保政策自实施以来已经受到了学术界的广泛关注，如陈华帅和曾毅（2013）的研究显示，新农保养老金收入显著挤出了家庭代际间转移支付。程令国等（2013）发现新农保政策显著提高了农村老年人的经济独立性、独居的概率和对社会照料的需求。张川川等（2014）从收入、消费、贫困、主观福利和劳动供给等多个角度更为全面地评估了新农保政策的影响，发现新农保养老金收入显著提高了农村老年人的收入水平和消费水平，减少了家庭贫困，提高了老年人的主观福利，并减轻了老年人的劳动负担。张川川和陈斌开（2014）研究发现新农保养老金收入显著降低了老年人从成年子女处获得转移支付的概率，但是老年人的转移支付金额并没有受到显著影响。总体而言，上述研究从多个角度估计了新农保政策对农村老年人口当期决策行为和福利状况的影响，较为一致地发现新农保政策具有明显的社会经济效应。张川川等（2017）研究发现新农保政策的实施显著降低了农村人口对家庭养老的依赖，进而有助于减轻生育行为上的男孩偏好，降低农村地区的出生性别比。

5. 社会变迁的影响

陈友华等（2012）认为在经济高速增长和社会剧烈变迁中，中国原有的

---

① 与新农保相对的概念，指在执行新农保政策之前农村执行的农保政策。

性别歧视和偏好的生存土壤逐渐瓦解，工业化、城市化、信息化等现代社会浪潮正逐渐改变人们的生活方式和思想观念，为中国出生性别比由高位回落正常创造了有利条件。杨凡（2014）提出中国出生性别比失衡的原因在于现代化变迁的滞后性与矛盾交织性，像中国这样受侵略后开始工业化的国家，既承认工业化的先进，又对源自西方的工业文明有所保留，所以现代化过程变得颇为复杂；工业化进程和计生政策共同作用使生育率快速下降，而以农业文明为根基的男孩偏好尚未消解，这两者的矛盾导致人们人为选择孩子性别，致使出生性别比失衡。侯佳伟等（2018）研究认为改革开放后，中国社会发生了快速的变迁与转型，人们的子女偏好也从有性别偏好向无性别偏好转变。当中，男孩偏好与女孩偏好都逐渐弱化，但理想女孩数下降的速度较快，从而呈现男孩偏好相对增强的态势，最终推升了出生性别比。

1.2.4 出生性别比失衡的后果

人口是社会经济发展的主体因素，人口与社会经济发展之间是相互依赖、相互作用的关系。一方面，人口会影响社会经济生产进程；另一方面，社会经济生产的变化又会反作用于人口。由于人口结构的形成与变化都需要很长一段时间，出生性别比作为人口性别结构的起点，决定着未来分年龄性别比以及总人口性别比，因此长时期、大范围内的出生性别比偏高或失衡，不仅对当前社会有影响，其效应还会延续到未来。出生性别比的持续升高会形成人口性别结构失衡、婚姻市场挤压、危害社会安全等一系列阻碍人口与经济发展的危险因素。因此，第五次全国人口普查之后，学术界对出生性别比问题的研究从问题存疑进入问题求解的新阶段，学者们对出生性别比升高产生的后果及其治理展开了全方位的系统研究（李树茁，等，2014）。

关于出生性别比失衡的后果或影响效应研究，学术界研究视角主要从人口、经济和社会三方面展开。

人口方面，研究认为出生性别比偏高作为性别失衡的主导性因素，对中国人口性别结构失衡的影响非常显著，主要反映为女性数量的较少，这种后果显现具有长期性和时间滞后性。如 Li 等（1995）认为中国未来高出生性别比的影响大概在 2025 年后显现，大约 9%的男性会找不到配偶，只要有"男孩偏好"和对女性的歧视存在，出生性别比就会偏高。Guilmoto（2009）认为在固定婚姻模式基础上，伴随着社会经济的发展，未来女性结婚年龄的推迟势必加重男性婚姻挤压的程度，预计中国从 2015 年起，婚姻挤压问题将异常严重。陈卫等（2010）指出出生性别比是人口结构的起点，总人口方面，出生性别比失衡会使得出生人数减少、人口规模缩小，从而使得老年人口比例增加，加速老龄化社会的形成；对于到达适婚年龄的人群而言，女性数量的严重减少会产生严重的男性"婚姻挤压"。李汉东和陆利桓（2010）预测我国未来 40 年都将存在严重的男性婚姻挤压现象，且农村的婚姻挤压程度要高于城市。

经济方面，Wei 和 Zhang（2009）研究认为对于遭遇婚姻挤压的适婚年龄男性而言，为了满足提升自身竞争力的需求而存在竞争性储蓄动机。在这一动机刺激下，社会中属于性别多数群体的男性便会增加储蓄来积累财富，从而推高国家（地区）的储蓄率。失衡的性别比会通过激发努力工作和创业精神来刺激经济的增长，新兴的私营企业更易在性别比偏高的省域出现。有男孩的父母成为企业家的概率随当地性别比的上升而增大，中国各省域生产总值的增长率与性别比成正相关（Wei & Zhang，2011）。一国或地区的竞争性储蓄上升，对可贸易品和不可贸易品的消费需求都会下降，同时男性在竞争性储蓄动机的激励下，会增加其劳动供给，若不可贸易部门相对于可贸易部门是劳动密集型产业，则该国或地区的不可贸易品的相对价格下降，最终造成实际汇率贬值，经常账户盈余扩大（Du & Wei，2011）。

社会方面，出生性别比的长期失衡会导致男性劳动力就业拥挤和部分就业岗位女性劳动力的短缺，严重影响到社会的合理分工，导致社会需求、消费结构、产业结构的变化。出生性别比长期偏离合理范围，导致女性缺失，使得大量男性被动单身，且容易被边缘化，面临巨大的心理压力，进而倾向于通过犯罪来获取正常的生理和心理需求、较高的社会经济地位。因此性别失衡对中国社会犯罪率的上升有显著的影响，会在较长的一段时间内对社会公共安全造成严重的威胁（姜保全，等，2011）。社区风险和家庭风险是性别失衡后普通公众所感受到社会风险的具体表现，对"2015 年农村居民性别失衡后果及治理政策问卷调查"所得数据进行序次回归分析可知，婚姻挤压和女性人身安全的社区风险大于家庭风险（杨博和李树茁，2018）。

除了婚姻问题，出生性别比的偏高还会引起养老方面的问题。田雪原（2004）认为人是生产者和消费者的统一，婴儿出生性别比升高并带动劳动年龄人口性别比升高。男性劳动力就业将变得更为困难，未来一二十年男性劳动力过剩和"就业性别挤压"问题将比较严重。李树茁和姜全保（2006）通过预测发现，出生性别比偏高对中国的抚养比构成有深刻的影响，在降低少儿抚养比的同时增加了老年人口抚养比。人口抚养比结构变动不仅对社会的经济负担有重要影响，也对国家的财政支出分配有重要影响（陈卫和李敏，2010）。

综上，长期的出生性别比偏高所产生的累积效应对人口性别失衡的影响十分严重, 性别失衡将带来人口、社会、经济、健康等一系列风险。其中人口风险是核心, 其作为性别失衡背景下的基础风险, 往往会刺激或放大其他风险发生的概率和损害的程度 (李树茁, 等, 2014)。

1.2.5　出生性别比失衡的综合治理

出生性别比失衡问题虽然在 20 世纪 80 年代初期就已显现, 但由于部分专家和有关部门推断其为一种 "假性失衡" 现象, 真正引起社会决策层的关注和重视却较晚。因此, 管理者既未在计划生育工作中引起足够重视, 也未采取措施加以监管和及时纠正, 最终酿成了此后出生性别比失衡逐年持续加剧的历史性失误 (马瀛通, 2005)。李慧英 (2007) 指出从 20 世纪 80 年代开始的关于我国出生性别比 "真假失衡" 的长期争论, 导致我国关注出生性别比异常问题并采取对策推迟了整整 12 年, 使得该问题越发严重。

2000 年 "五普" 数据显示我国出生性别比严重偏离正常值, 开始引起国家决策层的特别关注和高度重视。在党和国家的战略方针指导下, 有关治理出生性别比升高的政策和法规相继出台。随着人们认识的不断加深, 视角不断的拓展, 关于出生性别比异常的对策逐渐达成 "标本兼治, 综合治理" 的共识。

基于对出生性别比失衡原因的分析, 学者们主要从以下几个方面探讨了治理出生性别比偏高问题的对策。这些综合治理的措施主要包括: 发展经济和提高人口素质 (邬沧萍, 2000), 制度创新和文化建设 (刘爽, 2006)、淡化传统家族观念及生男偏好 (李树茁, 等, 2006); 建立健全覆盖农村社会保障机制和加大计划生育奖惩力度以加速人们生育观念的转变 (张翼, 1997; 陈友华, 2007); 加快城镇化和非农转移步伐以转变重男轻女的传统生育观念 (杨菊华, 2008); 通过政策法规的刚性行为约束和通过宣传教育的柔性观念引导与遏制 (穆光宗, 等, 2007); 通过促进性别平等的制度安排来从源头上遏制生育上的性别选择 (石人炳, 2006); 通过关爱女孩行动营造性别平等的社会氛围 (穆光宗, 等, 2006)、通过协调社会政策使之形成性别平等的合力 (宋健, 2007), 调整生育政策缓解人口性别结构失衡的压力等 (汤兆云, 2006; 陈友华, 2007)。

在面临性别比失衡引致的各种人口、经济和社会等问题和风险方面, 政府应在思想认识、制度建设等多方面, 做好充分准备和应对 (刘慧君, 李树茁, 2011)。如积极构建女性优先的利益导向和社会保障制度, 逐步解决女孩家庭的后顾之忧, 建立和完善农村社会保障制度 (杨建军, 2011)。健全农村计划生育家庭扶助制度, 逐步将城镇纳入奖励扶助范围, 并且政府主导积极实施针对女孩家庭的发展项目，扶助计划生育女孩就业，帮助女孩家庭脱贫致富（吕红平，2012）。

1.2.6 文献评述

综上，近年来我国出生性别比失衡的问题得到政府的高度重视，同时成为学术界的研究热点，有越来越多学科背景不同的学者加入对出生性别比失衡的研究队伍中。针对我国出生性别比失衡是真实存在的现象已基本达成共识，对出生性别比升高的原因、后果和治理措施也进行了深入系统的研究。学者们认为东亚文化中固有的男孩偏好及产前选择性生育是出生性别比长期高于国际认可正常范围的根本原因，针对胎儿性别鉴定的医疗技术发展（如 B 超的普及）是出生性别比失衡形成的技术条件。计划生育政策的实施限制了家庭增加生育数量来满足生育男孩的需求，转而通过人为干预产前性别实现男孩偏好。并且，出生性别比长期失衡不利于社会的可持续发展，会对国家的人口、社会、经济产生深远影响。

随着研究成果的日趋丰富，学者们对我国出生性别比失衡的特点、变化趋势、主要成因及可能带来的复杂社会影响有了越来越深入的了解和认识，更有不少研究为政府和社会更有效地纠偏干预出谋划策（石雅茗和刘爽，2015）。在关于我国出生性别比及相关问题讨论的过程中，研究者们运用不同的学科知识、不同的方式方法进行分析解读，极大地延伸并拓展了我国出生性别比及相关问题乃至人口科学的研究范畴。虽然对出生性别比失衡的研究已取得丰富成果，但是从实证研究视角而言，仍存在以下不足：

（1）研究所采用的数据较为多样。在以往的定量研究中，所使用的数据除了官方公布的人口普查数据之外，还有各研究人员自行组织实地考察所收集的调查数据、医院产房出生登记分析、专题调查等各类数据。由于考察的范围和数据采集流程标准的不同，最终的研究结果也不一致。同时，进入 21 世纪以来的这 10 多年，由于社会的剧烈变迁政府干预行动力度的不断加强、生育主体的代际更替，出生性别比走向呈现出了新的动态、新的分化以及新的寓意（石雅茗和刘爽，2015）。现有文献多为对 2010 以前数据的分析研究，有必要从更长时间跨度研究我国出生性别比的时空动态特点。

（2）空间和时间是人口学研究的两个重要维度，以往研究在定量研究方法的选取上，缺乏从时空异质性视角深入的分析。经过多年的发展，对出生性别比失衡问题的研究方法已由早期的描述统计方法，逐渐升级为可定量分析的计量经济学模型。但由于出生性别比失衡在中国存续时间长、覆盖地域广、经典的计量模型假设各变量在时空上同质独立，难以捕捉实际中各影响因素的时空异质性，从而使得研究结果不能对出生性别比失衡影响因素及其特征进行全面分析。

我国幅员辽阔，每个行政区域有着各自的社会、经济发展特点；以生育观念为基础的出生性别比，更易受地域影响。在交通日益便利、信息传播更快的社会环境下，生育观念的传播与交流更便捷，进而引致人们对性别选择上的统一性。而且，人口的众多属性总是分布在既定的地理空间中，尤其是和生育观念紧密相连的出生性别比。当前对性别比（包括生育观念）等人口现象的研究中，对空间这一重要因素关注还远远不够（时涛和孙奎立，2014）。

出生性别比偏高作为一种社会现象，将随人口迁移流动和文化交流传播在多区域相互作用中发生。这种空间相互作用的存在打破了经典统计分析中样本独立同质的基本假设，如果依旧采用传统统计分析方法与经典计量模型进行研究，会产生一定偏误。因此，在出生性别比的实证研究中，为了客观全面分析我国出生性别比的空间分布特征，从社会、经济、文化等多因素对其偏高的影响因素及其时空异质性作用机制进行探索，引入空间统计分析方法和空间计量模型很有必要（胡耀岭和原新，2012）。

1.3 研究内容、方法及技术路线

1.3.1 研究内容

由于出生性别比失衡在中国已经存续了三十余年，且逐渐形成由局部向全局扩散的态势，不论是出生性别比自身的特征还是对其有影响效应的因素，都会随着时空的变换而发生结构性改变。以往研究多基于截面数据或调查、时点和时期视角进行，立体化和纵深化分析严重不足，在揭示因果机制方面存在天然劣势（宋健，2018）。因此，本书在梳理文献综述的基础上，首先从理论层面出发，对社会、经济、文化等因素影响出生性别比的机制进行探讨；然后，在实践层面，运用空间统计分析方法和空间计量模型对我国省域出生性别比的时空分异特征、结构特征、影响因素及其时空异质性进行实证分析。具体而言，本书的主要研究内容及章节结构如下：

第1章，绪论。本章首先介绍研究的背景，阐述研究的意义，然后对相关国内外研究进行研读，对我国出生性别的现状、变动趋势、影响出生性别的主要因素、出生性别比升高的影响及其综合治理等研究进行细致综述，并提出本书的主要研究内容、结构安排、研究方法、技术路线及创新点。

第2章，基础理论与研究方法。本章首先对微观个体生育行为的经济学分析进行介绍，然后在梳理总结学术界关于我国出生性别比升高问题研究的基础上，阐释经济、社会、文化、政策等因素对出生性别比升高的作用机制，为后续的实证分析夯实理论基础，最后简要介绍本书实证研究中所使用的空间统计分析方法与空间计量模型。

第3章，中国出生性别比的时空分异特征。本章分别从时间与空间两个视角，对中国出生性别比的总体特征，分区域、分孩次和分地区的时空特征及其演变进行分析，并对分全国、省域等，对出生性别比升高的贡献率及其时空变化进行深入探究。

第4章，中国省域出生性别比影响因素的实证分析。在前述分析的基础上，以我国第三、四、五、六次人口普查数据为样本，分别构建经典计量回归模型、时间加权回归模型、地理加权回归模型和时空地理加权回归模型进行实证研究，全面分析经济、社会、文化等因素对我国出生性别比的作用方向、强度及其时空异质性特征。

第5章，主要结论与对策建议。对全文的研究结果进行归纳总结，得出主要结论。并根据研究结论，有针对性地提出我国出生性别比失衡综合治理的对策与建议，并提出本书进一步深入研究的方向。

1.3.2 研究方法

针对以上研究内容，本书采用了如下研究方法：

（1）文献分析法。对国内外已有关于出生性别比的正常范围、中国出生性别比是否存在假性失衡、出生性别比的影响因素以及出生性别比失衡的后果等文献进行深入研究。梳理与本书研究主题紧密相关的研究文献，从而全面把握研究现状，挖掘研究不足，为本书研究展开奠定基础。

（2）描述性统计分析和空间统计分析方法。本书采用第三次人口普查以来历次人口普查和人口抽样调查数据，采用描述性分析和空间统计分析方法，对中国出生性别比的时空特征进行细致的探索性分析，全面了解中国出生性别比失衡的历史与现状。

（3）空间计量经济学模型。本书从时空视角出发，构建经典计量回归模型、时间加权回归、地理加权回归和时空地理加权回归四种模型，进行出生性别比影响因素效应的比较分析，从经济、社会、文化等多视角深入探索出生性别比主要影响因素及其时空异质性特征。

1.3.3 技术路线 (见图 1.5)

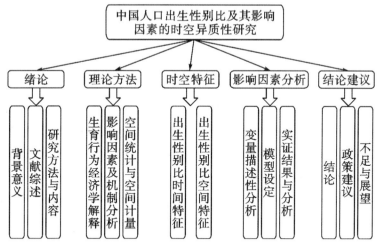

图 1.5 本研究技术路线

1.4 创新点

本书的创新之处主要有以下两点：

（1）样本选取方面。出生性别比失衡的问题自 20 世纪 80 年代开始出现，但过往研究在核心变量数据的选取上，多以某一年或某几次的人口普查数据为样本，或选用研究机构调查某些地区所得的数据，无法完整剖析出生性别比失衡发展历程的动态变化。为保证数据的准确性及全面性，本书选取 1982—2015 年历次人口普查和人口抽样数据作为研究样本。

（2）研究方法上，本书使用了更加前沿的实证研究方法。针对出生性别比失衡这一问题，现有研究多假设变量在时空上独立同质，并采用经典的计量模型进行分析。但出生性别比失衡在中国存续时间长、覆盖范围广，出生性别比及其影响因素在时空上的异质性不容忽视。因此，本书在实证分析中引入时空因素，采用可识别时空异质性的三种空间变系数模型进行对比分析。对于中国出生性别比实证研究而言，研究方法上具有一定的创新性。

2 基础理论与研究方法

出生性别比偏高虽然体现的是宏观层面的人口性别结构失衡，但是最终却反映出微观个体在生育决策中普遍具有男孩偏好。因此，有必要通过对个体生育行为的分析，厘清影响出生性别比的主要因素。在经济学理性人的假设下，任何行为都是微观个体在一定约束下追求自身效用最大化的结果，因此生育行为和家庭决策可以利用经济学理论加以分析和解释。

2.1 微观个体生育行为的经济学分析

家庭是经济活动中的最小单位，家庭成员在户主的组织下，通过合理配置有限资源来从事家庭生产（李树苗和胡莹，2012）。生育是家庭中的一项重要决策，包括对生育孩子数量和性别的选择，受到来自家庭内部和外部环境的影响和约束。考虑到养育孩子的周期较长，且父母在此期间需花费大量的时间精力和物质成本，个体的生育行为决策往往都是经由理性思考后做出的。家庭经济是家庭成员生存与发展的物质基础，也是生育主体进行生育决策的重要物质条件。从经济分析的视角解释人类的生育行为，具有代表性的人物是哈维·莱宾斯坦和加里·贝克尔。

莱宾斯坦（1954，1957）将西方微观经济学理论引入人口研究，把孩子视为一种特殊商品，把生育过程视为商品生产过程，以"成本—效用理论"为基础，提出"边际孩子效用模型"和"边际孩子合理选择理论"，用于分析家庭生育决策。他提出生育孩子的成本包括抚养孩子所必需的物质资料，父母直接用于养育孩子花费的时间，以及父母由于生养孩子减少工作、休闲或接受教育而间接耗费的时间。孩子具有价值和使用价值双重属性，能给父母带来的效用包括以下四个方面：一是消费效用，生育是对孩子这一"（耐用）消费品"的一个消费过程，父母能从孩子身上获得精神上的快乐和满足感；二是收入效用，孩子可以帮助父母承担一定的家务劳动，工作后可以为家庭带来收入，从而分担未来家庭经济活动失败可能发生的风险；三是保障效用，孩子可以为父母的老年提供物质和精神上的保障，即所谓的"养儿防老"，这一效用在社会保障制度不健全的发展中国家尤为明显；四是家庭效用，对于强调家庭纵向关系，关注家族发展连续性的传统型父母而言，生育可以实现家业继承，保持家庭的社会地位，因此是其进行生育行为的主要动机（刘家强，2004）。他认为，家庭决定边际孩子符合边际递减效应，家庭生育孩子会付出直接和间接成本，并带来消费、经济、保险等方面的多重效应。人均收入随着经济发展而提高，孩子的养育成本也跟着增加，但孩子的边际效应却在下降，导致家庭减少了对孩子的需求。子女数目决定了家庭规模，进而影响国家的人口转变，因此得出经济发展降低了人们的意愿生育率（李竞能，2006）。

贝克尔（2005）提出著名的"孩子数量质量替代理论"和"贝克尔生育率模型"。他认为由于现代社会养育孩子的直接成本和间接成本都很昂贵，在家庭收入一定、父母时间有限的情况下，为实现家庭效用最大化，父母将通过用孩子质量替代孩子数量来做出更有利的选择。另外，他还提出因为养育孩子需要大量的时间和精力，而在高工资水平的条件下，失去的机会成本和代价也很高，因此父母工资水平的上升也会引致子女数量减少。他假设孩子是一种耐用消费品，由于孩子没有较好的替代物，所以将家庭消费的其他商品看成综合总商品 Z，每个家庭生育的孩子数为 n，其效用函数为：

$$U = U(n, Z) \tag{2-1}$$

因为每个人的时间成本和每个家庭的生产函数不同，所以每个家庭的预算约束为：

$$p_n n + \pi_z Z = I \tag{2-2}$$

式（2-2）中，p_n 代表生儿育女的总成本，π_z 则是 Z 的成本，I 是总收入。

当每个家庭使其效用函数最大化时，孩子与其他商品的边际效用之比等于它们的价格之比，即：

$$\frac{\partial U}{\partial n} \Big/ \frac{\partial U}{\partial Z} = \frac{MU_n}{MU_Z} = \frac{p_n}{\pi_z} \tag{2-3}$$

式（2-3）表明，对于孩子的需求取决于孩子的相对价格和总收入，当实际收入不变时，如果 p_n 相对于 π_z 上升，那么家庭便会减少对孩子的需求。抚养孩子所需物质资料的价格越低，孩子通过做家务或工作为家庭收入做出贡献的潜能越大，抚养孩子的净成本（即孩子的相对价格）越低，对孩子的需求越大。考虑到母亲的时间成本是生育下一代总成本的一个主要部分，母亲的劳动参与率和时间价值成本越高意味着孩子的相对成本也越高，对孩子的需求便越小。

总之，对孩子的需求与其相对价格成反比，但总收入对孩子需求的影响方向在一些研究中出现了矛盾，贝克尔认为当中一个重要原因是孩子的数量与质量相互影响。

如果 p_c 是一个质量单位的不变成本，q 是每个孩子的总质量，$p_c \cdot q \cdot n$ 是花费在孩子身上的总量，那么，家庭的预算约束为：

$$p_c \cdot q \cdot n + \pi_z Z = I \qquad (2\text{-}4)$$

家庭实现效用最大化的均衡条件是：

$$\begin{cases} \dfrac{\partial U}{\partial n} = MU_n = \lambda p_c q = \lambda \pi_n \\[2mm] \dfrac{\partial U}{\partial q} = MU_q = \lambda p_c n = \lambda \pi_q \\[2mm] \dfrac{\partial Z}{\partial n} = MU_z = \lambda p_z \end{cases} \qquad (2\text{-}5)$$

在式（2-4）和式（2-5）中，n 和 q 的相对影子价格是 π_n 和 π_q，由于 q 的提高会增加花在每个孩子身上的数量，n 的增加会追加到每个孩子质量上的成本，所以孩子的价格上升。求解出式（2-4）、式（2-5）的 n、q、Z 均衡值，作为这些影子价格和收入的函数：

$$\begin{cases} n = d_n(\pi_n, \ \pi_q, \ \pi_Z, \ R) \\ q = d_q(\pi_n, \ \pi_q, \ \pi_Z, \ R) \\ Z = d_z(\pi_n, \ \pi_q, \ \pi_Z, \ R) \end{cases} \qquad (2\text{-}6)$$

影子收入 R 等于花在不同商品上影子的总和，即：

$$(p_c n)q + (p_c q)n + \pi_z Z = I + p_c nq \equiv R \qquad (2\text{-}7)$$

这些需求函数有一般的替代和收入效应，分别通过影子价格 π_n 和 π_q 而依赖于 n 和 q 的数量。如果 p_c、π_z 和 I 不变，那么 n 的外生增加就会提高 q、$\pi_q(= np_c)$ 的影子价格，从而减少对 q 的需求；同时由于 n 的影子价格取决于 q，q 的减少又会降低对 n 的需求。如此往复，直到建立新的均衡状态。在效用函数中，这种相互影响取决于 n 和 q 的相互替代性强弱，如果二者具有很强的可替代性，那么在 n 或 q 变为负值以前，它们的相互影响才会停止。孩子的数量和质量相互影响意味着，当数量的相对价格增加时，会减少对孩子数量的需求而增加对质量的需求。

在莱宾斯坦理论基础上，李建民（2004）提出从 20 世纪 90 年代以来，我国生育率结束了徘徊状态而出现了持续下降的现象，低生育水平的稳定机制已经基本建立。在家庭生育行为选择机制上，出于对社会竞争的担忧和美好未来的追求等方面的考虑，中国家庭在孩子抚养上投入了大量精力，养育孩子的成本大幅增加。同时，劳动力市场的激烈竞争使得母亲生育孩子的机会成本提高，因此以孩子质量替代孩子数量的机制成为影响人们生育决策的主要因素。杨成刚等（2009）提出对于男孩而言，效用包括作为劳动力的即期效用和用于期用于养老的远期效用，在计划生育政策对于生育数量的强约束条件下，男性性别效应凸显。

杨菊花等（2009）认为，上述观点并未充分表达出中国当代的生育价值转换。当人们减少对孩子数量的需求时，希望取而代之的不仅有孩子的质量，还有孩子的性别。由于孩子性别是前置决策，孩子质量是后置决策，并且由于在家庭经济和社会生活改善上，孩子质量的效用预期与孩子性别的效用预期相比，具有较大不确定性；因而对孩子数量的性别替代很可能先于质量替代。

2.2 出生性别比失衡机制的理论研究

针对出生性别比失衡机制的理论研究，学者们提出了多种分析框架与模型。

1. "生育三维"说

顾宝昌（1992）、曾毅等（1993）认为出生性别比受一定孩子出生数量、前一子女性别以及生育时间三维坐标的影响，这一理论称为"生育三维"说。"生育三维"说认为，探讨一个完整的生育概念，应该不仅包括生育的数量方面，还应包括生育的时间和性别方面。相应地，对人口生育状态的考察要得出一个全面的认识，也必须包括三个方面，即生多少、什么时间生、生的是男或女。如果单从一个方面来考察生育状况，就容易片面，引起误解。马瀛通等人创立了马冯陈（MFC）数理模型，这一模型表明，某一人口一定时期内的出生性别比受三大因素的影响：①各孩次出生之前母亲曾生子女性别次序内部结构；②分出生顺序与性别次序别性别比，如果近似于常量，其性别比通过转换即为分出生顺序与性别次序别的男婴出生概率或女婴出生概率；③孩次比例。马瀛通等人对此模型做了应用分析与研究，并得出分孩次性别次序出生性别比的理论值（马瀛通，等，1997）。

顾宝昌（2011）认为出生性别比的失常是性别偏好的文化背景、落后的发展水平、急剧下降的生育水平和以数为本的政策导向四个因素相互作用的结果，并提出了出生性别比失衡的理论解释框架，如图 2.1 所示。该模型认为，假如倾向于少生且性别倾向比较强烈，人口控制政策关注重心为人口数量减少，此时若性别鉴定技术便利，则这四个因素会同时作用于人们的生育行为，从而同时出现生育水平下降与出生性别比上升共存的现象。

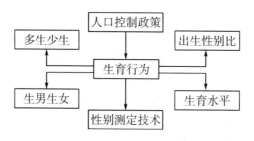

图 2.1　中国出生性别比失衡的理论框架

2. "社会性别理论"说

穆光宗（1995）提出"生育偏好"和"生育选择空间"的两个概念，认为一定的生育行为总是在一定的"生育选择空间"中进行的，而任何一种生育行为背后总是有性别偏好的驱动。在无限度的"生育选择空间"中，性别偏好大致能得到较好满足；反之，在有限度的生育选择空间中，由于约束条件的存在，性别偏好就难以很好地满足。在中国农民的生育决策中，性别选择往往比数量选择重要，生育决策的基础是性别选择。20 世纪 80 年代以来中国出生性别比偏高的根本原因是"歧视性性别偏好"。

3. "胎次—激化双重效应"说

杨菊花（2009）认为出生性别比失衡的根本原因是基于经济制度、文化习惯、家族政治体制的性别偏好。直接原因主要包括性别选择性人工流产、出生登记系统的不完善等。生育政策、社会经济的发展和现代化的进程则是二者之间的"桥梁"，称之为"激化原因"，并构建政策与出生性别比关系的分析框架"胎次—激化双重效应"理论模式，阐释了二者关联的潜在机制和路径。她认为，一方面，政策对生育行为的刚性制约留给人们狭窄的选择空间，该制约与男孩偏好的文化惯习相互作用，产生激化效应，致使出生性别比极度失衡。另一方面，限制性的生育政策在很短的时间内，以很快的速度降低了高胎次孩子出生的概率；同时，政策规则的多样性使部分地区的低位女胎与男胎一样受欢迎，导致胎次效应，使低胎的出生性别比趋于平衡。可见，在众人不想多生，宏观的政策环境也不允许人们多生，且二胎生育有一定条件限制的主客观情势下，生育政策与出生性别比之间存在"胎次—激化双重效应"，作用机制如图 2.2 所示。

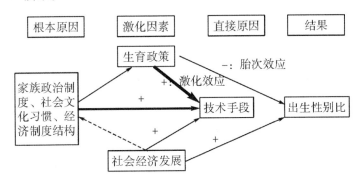

图 2.2　杨菊花（2009）提出的出生性别比影响因素分析

图 2.2 中的粗细线段分别代表关系的强弱。如其所示，胎次效应和激化效应同时存在，图中的"+""-"符号分别表示正向或负向、提高或降低出生性别比。生育政策与出生性别比直接和间接相关，其关联的机制在于胎次—激化双重效应：胎次效应可直接作用于出生性别比，降低出生性别比；激化效应借助第三个因素（即技术手段）作用于出生性别比，提高出生性别比。生育政策对出生性别比具有重要意义，调整生育政策或许是缓解出生性别比失衡的主要途径之一。杨菊华（2012）认为个体、家庭和制度本身存在多层次的需求，为应对生活、延续自身，不同主体通过对胎儿性别的选择，满足对于生存、安全、社会的多重需求。

4. "最优效用"说或"生育效用最大化"理论

这里的"效用"是"经济效用""社会文化效用"和"心理效用"的综合。唐贵忠（1991）和董辉（1992）基于经济学的"理性人"假设，认为无论父母做出何种选择，都是出于对自己有用或家庭发展有利而进行的理性决策。在中国传统文化和社会中，有着养育男孩比养育女孩能为家庭提供更大的经济社会效益的观点。杨军昌（2010）认为，影响人们的性别偏好的内在因素是"孩子效用性别差异"，即男孩效用相对于女孩效用具有优势，由此产生"男孩偏好"。

5. 其他理论

除上述理论之外，刘爽（2002）把我国出生性别比偏高看作是一种人口表象复杂过程的"中间环节"："上游"是导致这一现象出现的复杂社会、经济、文化动因，"下游"则是社会、经济后果。她认为人口生育率下降与社会生育中的"性别偏好"因素均对人口性别结构的变化产生影响；妇女曾生

（或存活）子女性别比偏离正常值和具有不同孩子性别组合的家庭分布与构成发生变化，是人口出生性别比失常的另一类"积累性"和"后果性"表现。解振明（2002）从人群、技术和管理系统三个要素分析造成我国出生性别比升高的原因为：在出生性别比异常偏高的地方，首先，有一定规模的男孩偏好的人群；其次，有可以获得的性别选择信息和技术服务；最后，存在着对性别选择行为疏于管理的系统。这三要素在我国社会经济、文化习俗和生育政策的大环境下发挥着作用。乔晓春（2004）通过定量分析考察了我国外生性别比偏高的直接和间接原因，认为我国出现的高性别比是在强烈的男孩偏好的条件下过分压缩每个家庭孩子数量的结果。

陈友华和胡小武（2012）认为出生性别比失衡存在直接原因与间接原因。其中，直接原因主要包括：一是胎儿性别鉴定与性别选择性人工终止妊娠，这是中国出生性别比失调的最主要原因，人工流产的合法化某种意义上成为中国出生性别比失调的帮凶，虽然对人工流产有明确的规定，但实际情况是只要孕妇愿意，几乎出于任何原因的人工流产都可以实施；二是出生的瞒报、漏报、错报与重报；三是相对于男性而言的较高的女婴与女童死亡率；四是孕前性别选择。上述原因二至四虽然对中国出生性别比失衡产生了一定的影响，但并不是主因（曾毅，等，1993；李涌平，1993；穆光宗，1995；乔晓春；2004；韦艳，李树茁，费尔德曼，2005）。

从间接原因考察，出生性别比失调既与传统观念相关，又与中国的经济、政治、社会与文化环境密切相关。中国的现代化进程，虽然弱化了人们对子女的数量偏好，但在改变人们对子女的性别偏好方面却显得有些"力不从心"，生育数量意愿转变在先，生育性别偏好转变在后。这种"文化滞后"因素与社会保障不健全、生产力发展水平不高、农村家庭对劳动力需求等经济因素、社会因素、心理原因、政策因素、管理因素等结合在一起，制约了出生性别比从高位的回落（葛小寒，2000；原新，石海龙，2005；陈友华，徐愫，2009）。影响中国出生性别比高低的因素及其相互之间的关系，如图2.3所示。同时，社会、经济、政治、文化因素通过对受孕胎儿性别实行胎儿性别鉴定与性别选择性人口流产等的人为干预，以及通过改变妇女受孕的生理环境与受孕时机，从而增加受孕男性胚胎概率的生理因素，进而对出生性别比产生影响。

王军（2013）提出我国出生性别比失衡的多层次影响因素模型。其中，妇女生育子女的数量、性别和间隔等，不仅受到妇女个人年龄、户籍、民族等个人特征，已有子女数量和性别等生育史特征，家庭类型等微观层次因素影响，还受到生育政策和地区社会经济状况的影响。生育政策和地区社会经济状

图 2.3　陈友华和胡小武（2012）提出的出生性别比影响因素分析

况不仅有可能对我国出生性别比有直接影响，而且还可能通过妇女个人和家庭特征对其有间接影响，如图 2.4 所示。

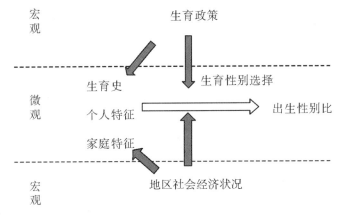

图 2.4　王军（2013）提出的出生性别比多层次影响因素模型

该模型将生育政策和地区社会经济状况纳入一个模型中，将生育政策和地区社会经济状况设定为宏观层面的影响因素，而将妇女个人和家庭特征设定为微观层面的因素，不仅更加符合影响妇女生育行为的实际情况，还可以克服统计方法上的偏误；并且，该模型还可能通过妇女个人和家庭特征等对出生性别比产生间接影响（王军，2013）。

李树茁和胡莹等（2014）将出生性别比异常的各种影响因素总体上分为宏观和微观两个层面。他们认为从宏观层面来看，人口和社会经济变量通过生物因素直接作用于人口再生产过程。从微观层面看，家庭作为社会构成的基本单元和生育行为的主体，家庭层面生育决策直接影响该家庭的人口生产行为，进而在宏观层面影响人口出生性别比。并以性别失衡机制分析的多层次理论为指导，认为外生的宏观变量和内生的微观个人/家庭层次变量均对家庭生育选择行为产生影响（Chung，2007；Guilmoto，2009），提出了中国家庭生育选择行为的影响机制分析框架，如图 2.5 所示。

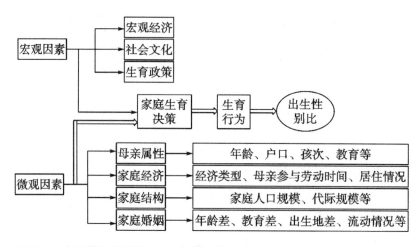

图 2.5 李树茁和胡莹等（2014）提出的家庭生育选择行为机制分析框架图

该框架是一个由宏观和微观两个层面的多因素多层次分析框架，既包括了个体/家庭微观层面的人口学特征变量，也包括了宏观层面的社会经济制度变量。分析框架中微观个人/家庭层面的变量，具体包括反映个人层面的人口学变量、影响生育意愿和行为的家庭经济学变量、影响性别偏好和反映文化传播的家庭结构变量和家庭婚姻模式。

闫绍华和李树茁（2018）提出出生性别比失衡的根本原因是男孩偏好，计划生育政策对家庭生育数量的限制是外在压力因素，B 超等相关医疗技术的发展是条件性因素。进一步来说，社会各个领域的性别不平等是男孩偏好长期存在的根本原因，该原因是动态变化的，经济结构、社会结构和制度保障等的变迁，均牵动性别不平等的强度和分布。

宋健（2018）从三个层面对出生性别比失衡的生育选择机制进行了探讨，认为性别偏好、生育决策、出生性别比失衡联结了微观（个体）、中观（家庭）和宏观（社会）三个层面。他基于社会进化理论、家庭决策理论和计划行为理论构建了出生性别比失衡的生育选择机制分析框架，分别对应宏观、中观和微观三个层面，如图 2.6 所示。

在宏观层面，出生性别比失衡本质上是由社会子系统内部结构分化的差异性及其对家庭和个人影响的程度和方向不一致所导致的。社会在迅速进步的过程中，市场经济繁荣、城镇化进程加速、技术越来越普及，与此同时在某些家庭或人群中性别偏好特别是男孩偏好观念依然强烈，社会上关于社会性别相关的文化制度也一时难以撼动，由此导致了个体理性（满足性别偏好）和群体理性（性别平等）间的分歧和冲突。夫妻的生育偏好不仅相互影响，还受双

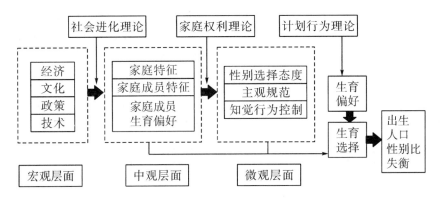

图 2.6　宋健（2018）提出的出生性别比失衡的生育选择机制

方父母生育偏好的影响。对育龄妇女而言，不仅受到其原生家庭的生育偏好影响，也会受到婚后家庭公婆生育偏好的影响，影响程度与原生家庭的规模及婚后家庭与公婆的居住安排有关。从个体层面看，妇女的生育性别选择决策会受到其对子女性别价值的判断及对选择孩子性别的赞同程度、感受到的社会压力以及实施性别选择行为的难易程度三个因素影响（宋健，2018）。简言之，出生性别比是基于个体的生育意愿和行为所呈现的宏观人口学指标，经济、文化、政策、技术等社会子系统的影响通过家庭生育决策折射到个人，并通过性别选择态度、主观规范、知觉行为控制影响妇女个体的生育偏好，进而转化为生育选择行为。

2.3　出生性别比的主要影响因素分析

综上，本书认为微观个体间的生育行为选择如果只具有异质性而不具有同质性，那么在宏观层面出生性别比便不会呈现出持续上升的趋势。出生性别比失衡的现象，既是微观个体生育行为在宏观层面的集聚，又是宏观因素对其影响的结果。出生性别比失衡是多种因素共同作用所形成的，经济、社会、医疗因素，以及中国特有的计划生育政策，会抑制家庭对孩子数量的需求，刺激家庭增加对孩子质量的需求。出生性别比失衡的发展，是多数家庭认为男孩是优于女孩的"高质量"孩子在宏观出生性别比上的集中体现，下面具体分析各个因素对出生性别比失衡的影响机制。

第一，经济基础决定上层建筑，任何社会问题的形成都受到经济的作用。关于经济因素与出生性别比二者之间的关系，有学者认为随着经济发展水平的提高，人们性别偏好程度可能减弱，在生育决策过程中的性别偏好程度下降，进而导致出生性别比趋于正常，按照这样的逻辑，经济发展与出生性别比之间呈现负相关关系。但刘爽（2009）也指出随着经济的发展和人们生活质量的提高，胎儿死亡和死产的风险性降低，而生命相对脆弱的男性胎儿由此获益更大，遵循这一作用路径则可得出经济发展与出生性别比之间呈现正相关关系。杨菊花和李红娟（2015）认为经济和社会的发展与出生性别比之间可能具有两个反向关系：不发达和发达都可能致使出生性别比失衡。一方面，经济发展水平较低，人们对男孩的工具性依赖就越大，性别观念也可能更为传统，致使出生性别比失衡。另一方面，经济发展程度较高，医疗卫生条件较好，胎儿性别鉴定技术更为便捷和可及，使得非医学需要的胎儿性别鉴定和非医学需要的性别选择性人工流产（即"双非"）更易实现，致使出生性别比失衡。但是，同时较高的经济发展水平及社会发展程度，往往伴随着城市化和现代化的深入推进，现代性逐渐取代传统性，性别观念也随之更趋平等，进而作用于人们的生育行为。从这个意义上讲，经济与社会发展可能对出生性别比有抑制作用。

刘华等（2014）认为经济发展水平与人口出生性别比二者之间可能具有倒"U"形的关系。原因是，在经济发展初期，一方面，生产技术水平较低时，生产活动多依靠体力劳动，由于两性在生理上的差异，男孩便被认为是"高质量"的孩子。另一方面，随着经济的不断增长，收入水平提高，选择"高质量"孩子的能力也随之增强，从而使出生性别比上升，故而出生性别比有可能提高。

第二，当一个国家生育率下降的速度太快，下降到一个过低的水平时，就会出现生育数量和生育性别之间的矛盾激化，人们能够拥有的生育孩子的数量与对生育性别愿望的矛盾被激化。这种矛盾的激化最后形成了"质量换数量"的生育行为，即不能多生来达到生育性别的愿望就通过选生来实现，从而造成出生性别比高的问题。

第三，女性社会地位是影响家庭生育决策的一个重要因素，若女性社会地位远低于男性，这既会削弱女方在家庭决策中的话语权，又影响女婴未来的发展，减少其能为家庭带来的效用，被看作是"低质量"的孩子。在这种情况下，女性社会地位的小幅提高，不能从根本上改变女性在社会中的弱势地位，反而会提升其进行人为性别选择的能力，从而使出生性别比上升。在社会保障制度并不完善的情况下，父母未来依靠孩子养老，由于中国长期存在"从夫居"的婚俗，儿子被认为是父母养老的主要依靠，当政府无法解决养老问题时，家庭对后代的性别选择就会倾向于男性，致使出生性别比失衡。

第四，通常认为，经济发展和社会保障是避免出生性别比升高的有效办法，但是比较韩国和中国台湾地区，发达的经济和完善的社会保障体系并没有有效遏制出生性别比的升高。由此可见传统的男孩偏好在生育观念上的强大影响，这属于传统风俗习惯、文化因素。文化因素对人们的观念有着强有力的感染作用，在没有外力的干预下，观念往往具有较强的黏性。中国是历史悠久的农业文明国家，传统文化中长期存在"重男轻女"的观念，除了男孩能为家庭产生更大的经济效益，在情感需求上父母也会认为相比于女孩，男孩是更"高质量"的孩子。农业文明的根基越稳定，男孩偏好的强度越大，进而人们便会通过人为选择胎儿性别的方法实现男孩偏好，最终推高出生性别比，这种社会性别差异也是出生性别比偏高的重要因素。

第五，政策因素。过去很长一段时间，我国计划生育人口政策主要内容包括提倡晚婚晚育、少生优生和一对夫妇只生育一个孩子。计划生育人口政策的制定和实施体现了社会政治因素对个体生育者生育意愿的作用，通过这一政策挤压了家庭对生育孩子数量的选择空间，使其男孩偏好无法通过早生和增加生育数量实现，但是同时也进一步强化了生育者的性别选择意识与行为，间接导致出生性别比失衡。以一孩为主导的偏紧的生育政策，助推了出生性别比的升高；但是，生育政策这只"手"，既能推高出生性别比，也能拉低出生性别比。

就宽松生育政策是否有利于出生性别比正常化，宋健（2018）对这一问题进行了深入探讨，提出全面两孩政策的实施为满足大多数中国人的儿女双全偏好提供了数量基础，但理论上并非所有生育两孩的家庭都能如愿以偿。2016年中国人民大学人口与发展研究中心实施的全国抽样调查显示，对第一个孩子的性别顺其自然是大多数家庭的态度；对第二个孩子的性别期望则往往基于第一个孩子的性别，以互补型为主，以达到儿女双全的目的为最佳。对两个孩子的性别期望排序则是儿女双全为首，其次是两个女儿，再次才是两个儿子，原因在于养两个儿子经济负担更重。第一个孩子为女孩的家庭对第二孩生育的顾虑要小于第一个孩子是男孩的家庭，甚至已有一个男孩的家庭不打算生育二孩的比例更高。因此，从上述调查结果推断"全面两孩"政策的实施将有助于第一孩的出生性别比恢复正常。

第六，医疗因素。男孩偏好并不必然地引致出生性别比偏高，它仅仅是出生性别比升高的必要条件，出生性别比是否继续失衡取决于人们的性别偏好在多大程度上从意愿表达转向育前选择行为。医疗水平则是实现人为选择孩子性别的技术条件，只有社会具备了性别鉴定和流引产的技术，且公众有能力获得性别选择性流引产技术及其相应服务时，才会真正地导致出生性别比的升高。其发展水平越高，人为选择胎儿性别的成功率也越高，因而出生性别比失衡也越严重。

2.4 空间计量经济学模型

传统计量经济学假设样本之间是相互独立的，然而在现实中，随着科技的进步及交通运输方式的飞速发展，区域之间的交流日趋频繁，空间单位中的属性相互影响，不再作为独立的个体而存在。这很大程度上挑战了经典计量经济分析中的独立性假设，因此在分析与地理位置有关的空间数据时，有必要充分考虑是否存在空间上的相互依存，否则将影响研究结论的科学性与严谨性。

2.4.1 空间自相关性

空间自相关性，也被称为空间依赖性，指的是处于不同区域的事物在空间上相互联系、相互作用、相互制约。若邻近区域事物具有相似的属性，则相邻空间的属性值呈现出趋同集聚的特征，即高值与高值、低值与低值相集聚，就是正的空间自相关；若邻近区域事物具有相异的属性值，则相邻空间的属性值呈现出趋异集聚的特征，就是负的空间自相关。

根据度量范围的不同，空间自相关又分为全局空间自相关和局部空间自相关。全局自相关刻画的是空间单元上属性值之间的整体分布情况，即全局范围内是否存在集聚特征。局部空间自相关是用来刻画局域空间单元的属性值分布特征的，特别是分析集聚所发生的位置（陶长琪，2016）。

Moran's I 指数是全域空间相关性检验的常用指标，其计算公式如下：

$$Moran's\ I = \sum_{i=1}^{n} \sum_{j=1}^{n} w_{ij}(x_i - \bar{x})(x_j - \bar{x}) / S^2 \sum_{i=1}^{n} \sum_{j=1}^{n} w_{ij} \qquad (2-8)$$

式（2-8）中，x_i 为观测值，n 为研究区域内地区总数，w_{ij} 为空间权重矩阵中的元素，$\bar{x} = \frac{1}{n} \sum_{i=1}^{n} x_i$，$S^2 = \frac{1}{n} \sum_{i=1}^{n} (x_i - \bar{x})^2$。*Moran's I* 指数大于零表示正相关，接近于 1 表示具有相似的属性集聚在一起，小于零表示负相关，接近于−1 表明相异的属性聚集在一起；如果 *Moran's I* 指数接近于 0，则说明不存在空间相关性。

对全局空间自相关的分析往往会掩盖局部状态的差异性，为深入分析空间自相关的模式，需要进行局部自相关分析，这一分析的常用指标为 LISA

（Local Indicators of Spatial Association，LISA）。LISA 分析中包括局部 Moran 指数和 Moran 散点图。局部 Moran 指数用来定义区域 i 与其邻近区域之间的关联程度，其计算公式为：

$$I_i = (x_i - \bar{x})/S^2 \sum_{i \neq j} w_{ij}(x_j - \bar{x}) \tag{2-9}$$

在式（2-2）中，当 I_i 为正时，高值与高值或低值与低值相邻；I_i 为负时，则说明高值被低值包围，或低值被高值包围。LISA 显著性水平与 Moran 散点地图相结合，形成 LISA 聚类地图，可识别人口出生性别比在局部空间集聚的"热点"和"冷点"地区，揭示空间奇异值。

2.4.2 空间异质性

空间异质性又称为空间差异性，是空间效应的一个部分。空间异质性是变量随所处的位置变化产生的差异性，可根据空间单元的特性，利用结构变化的空间计量模型进行处理。为区分空间异质性在表现形式上的差别，Anselin（1999）将其分为空间异方差和空间结构非均衡两种形式。空间异方差需要对模型的误差项进行异方差处理，而空间结构的非均衡性则需通过设定空间结构或设置空间系数来实现。

空间异方差是空间结构等属性所导致的异方差。对其处理的方法包括：将误差项分解为某个随机扰动项自回归和独立的干扰项，随机系数模型方法，将随机误差项分解成空间虚拟变量和共同因素表示的个体影响因素。空间结构的非均衡性则主要表现为模型中的变量参数存在空间非均衡性。采用连续型和离散型的空间异质性处理方式，参数非均衡性也会相应地表现为连续型和离散型。

2.4.3 地理加权回归模型

传统的计量模型在进行统计推断与估计时，假定所有观测值都满足独立同分布的假设，而对于空间数据，位置相邻的地区间往往存在空间自相关性，对传统计量理论的独立同分布假设造成挑战，忽略空间因素将使得估计结果产生误差，不能准确地探测出变量之间的真实关系。为解决参数随地理位置变化而变化这一问题，Fortheringham 等（1998）等将数据的地理位置信息加入回归参数中，提出了地理加权回归模型（Geographically Weighted Regression，GWR），其基本设定如下：

$$y_i = \beta_0(u_i, v_i) + \sum_{k=i}^{p} \beta_k(u_i, v_i)x_{ik} + \varepsilon_i \tag{2-10}$$

式（2-10）中，$\beta_0(\mu_i, v_i)$ 和 $\beta_k(\mu_i, v_i)$ 分别表示第 k 个回归变量对应的截距项和第 i 个地区的第 k 个解释变量的回归系数函数；y_i、x_{ik} 分别表示模型的被解释变量和解释变量，$\varepsilon_i \sim N(0, \sigma^2)$ 表示模型扰动项，反映了空间随机效应水平；$\mathrm{cov}(\varepsilon_i, \varepsilon_j) = 0 (i \neq j)$。Fotheringham 等（1998）根据地理学第一定律，利用加权最小二乘法来估计参数，得公式（2-11）：

$$\hat{\beta}(\mu_i, v_i) = [X^T W(\mu_i, v_i) X]^{-1} X^T W(\mu_i, v_i) Y \qquad (2-11)$$

在式（2-11）中，$W(\mu_i, v_i)$ 是一个 n*n 矩阵，其对角线元素表示观测数据对观测 i 的地理权重，非对角线元素为零，其中全是回归点所在的地理空间位置到其他各观测点的地理空间位置之间的距离函数。

2.4.4　时空地理加权回归模型

除了空间因素，观测点属性还会随着时间的推移而发生结构性变化，GWR 模型只考虑了空间信息对模型估计的影响，不能反映时间的异质性。Huang 等（2010）在 GWR 模型的基础上，又将时间因素纳入考量，提出了可识别时空异质性的时空加权回归模型（Geographically and Temporally Weighted Regression，GTWR），以 (u_i, v_i, t_i) 三维坐标构造时空权重矩阵，同时考虑时间与空间上的距离，距离 i 区域越近的区域被赋予的权重越大，其模型基本设定形式如下：

$$y_i = \beta_0(u_i, v_i, t_i) + \sum_{k=i}^{p} \beta_k(u_i, v_i, t_i) x_{ik} + \varepsilon_i \qquad (2-12)$$

在式（2-12）中，主要变量的设定与 GWR 模型类似，t_i 为第 i 个样本的时间信息，$\beta_0(\mu_i, v_i, t_i)$ 和 $\beta_k(\mu_i, v_i, t_i)$ 分别表示不同时期 t_i 内第 k 个回归变量对应的截距项和第 k 个解释变量在不同时期 t_i 内在不同地区的回归系数函数。$\beta_k(\mu_i, v_i, t_i)$ 估计公式如下：

$$\hat{\beta}(\mu_i, v_i, t_i) = [X^T W(\mu_i, v_i, t_i) X]^{-1} X^T W(\mu_i, v_i, t_i) Y \qquad (2-13)$$

在式（2-13）中，$W(\mu_i, v_i, t_i)$ 是对角线元素表示观测数据对观测 i 的时空权重，即回归点与其他各观测点之间的时空距离函数。参见 Bo Huang 和 Bo Wu 等（2010），可以将时空距离定义为地理距离和空间距离的加权线性函数，公式如下：

$$d^{ST} = k_s d^S + k_t * d^T \qquad (2-14)$$

其中 d^S、d^T 分别表示为地理距离和空间距离，k_s 和 k_t 为零表示时间加权模型（TWR）和地理加权模型（GWR），该模型估计具体方法介绍参见 Bo Huang 和 Bo Wu 等（2010）。Fotheringham 等（2015）验证了当时空异质性十分严重时，GTWR 模型具有更优的统计性质，并且在偏差—方差权衡问题上表现更好。

3 中国省域出生性别比的时空分异特征

3.1 基本概念、指标意义与时代背景

3.1.1 性别比相关概念

性别是人口最基本的属性之一，人口性别结构表示一个国家（地区）的人口中男性人口与女性人口的比例关系，其结构的合理性对于一个国家（地区）的发展至关重要，是构建和谐社会与实现人口可持续发展的重要基础（李雨潼，2013）。

性别结构，通常采用男性和女性各自在总人口中所占比例，以及男性与女性数量之比（即性别比）两种指标进行测度。

其中，对于对人口性别比的测度，又细分为出生性别比、总人口性别比、孩次性别比、分年龄性别比和迁移人口性别比等指标。其中，人口研究最为关注的是出生性别比，它决定了分年龄人口性别比和总人口性别比。出生性别比，是指为便于观察和比较所定义的每出生百名女婴相对的出生男婴数，一定时期（一般为一年）内出生的活产男婴总数与活产女婴总数的比值，反映了婴儿出生时男婴与女婴在数量上的比例关系，通常表示为平均每 100 个活产女婴所对应的活产男婴的数量（刘爽，2007），公式如下：

$$出生性别比 = 100 \times （出生活产男婴数/出生活产女婴数） \qquad (3-1)$$

总人口性别比是综合、粗略、概括地反映人口性别构成的静态指标，通常也称为人口性别比，是指同一人口总体中的男性人口与女性人口之比，国际上通常用每 100 个女性人口相对应的男性人口的数量来表示（马瀛通，1994），公式如下：

$$总人口性别比 = 100 \times （男性人口/女性人口） \qquad (3-2)$$

人口性别比是各个年龄性别比的综合反映，它既受出生性别比的影响，又受年龄构成及男女死亡率差异的影响；既受迁移人口性别差异影响，又受战争、天灾及妇幼保健、妇女地位、医疗卫生事业发展水平的影响（马瀛通，1994）。

总人口性别比与出生性别比是两个根本不同的概念，其通常值（正常值）范围也不一样（马瀛通，等，1998）。

此外，分孩次出生性别比是指根据婴儿在家庭中的出生顺序计算的分孩次的出生性别比，主要用于研究婴儿出生顺序与性别比结构之间的关系。

分年龄出生性别比是指按年龄分组计算的出生性别比，用以研究不同年龄段与性别比结构之间的关系。

还可以按照城乡、文化程度，以及母亲教育程度、迁移地区、职业与行业等为标识，考察和研究出生人口的性别比。

3.1.2　出生性别比的正常值范围

出生性别比是一个具有很强的自然属性倾向特征的指标，在没有人为干扰和特殊事件的自然生育状态下，人类的出生性别比由生物学因素决定，取决于受孕时的胎儿性别比和不同性别胎儿发育过程中的死亡率差别（陶涛和杨凡，2015）。然而，在人类对生育子女数及其性别有选择性要求的社会中，在一定生产力与生产方式基础上的不同社会、经济发展阶段，其值域的稳定与波动，是生物、社会、经济因素在一定文化氛围下，以前者为主体因素而共同作用的结果。因此，出生性别比必然会在总体出生人口、分地域或分孩次上，要么反映出城乡差异，要么反映出地理分布差异，要么反映出历史阶段性差异或民族差异，但是这种差异通常很小（马瀛通，等，1998）。

严格意义上的出生性别比，应该是准确限定在出生时刻这一时点上活产男婴与女婴人数的对比关系。在没有人为干扰的前提下，它是一个主要受受孕性别比、胎儿死亡性别比、死产性别比等因素影响的，非常稳定的人口统计指标。而受孕性别比、胎儿死亡性别比和死产性别比等，除直接受自然生物因素的影响，也间接受到社会因素的影响。但是由于生物进化的长期缓慢性和社会因素间接影响的微弱性，使得出生性别比指标在特定的时期内十分稳定，大致是在一个正常值范围内围绕某一中心点略有波动（刘爽，2007）。

对出生性别比值域范围的研究最早源于1662年，英国人口学家约翰·格兰特（John Grant）在《关于死亡证书的自然和政治的观察》一书中，通过对伦敦 1628—1662 年出生男婴与女婴数量的观察与分析，首次提出人类出生时的男婴数量与女婴数量是一个相对稳定的比值（14∶13），即 107.69。历经293 年后，1955 年 10 月联合国在其出版的《用于总体估计的基本数据质量鉴定方法（手册Ⅱ）》（*Methods of Appraisal of Quality of Basic Data for Population Estimates*，*Manual* Ⅱ）中认为：“出生性别比偏向于男性，一般来说每出生 100名女婴，其男婴出生数置于 102～107。”此分析明确认定了出生性别比的通常值域（或正常值范围）为 102～107。从此，出生性别比值下限不低于 102、上限不超过 107 的值域一直被国际社会公认为通常理论值，其他值则被视为出生性别比异常或出生性别比失衡（马瀛通，等，1998）。失衡程度可以进一步细分为轻度失衡（108～110）、中度失衡（110～120）、重度失衡（120～130）以及极度失衡（大于 130）。

性别比是随年龄增高而逐渐下降的一条曲线，不同国家、不同地区以及不同民族等的出生性别比不完全相同，但是一般差异较小（李雨潼，2013）。在男婴死亡率高于女婴以及男性青少年死亡率大于女性青少年死亡率这两个因素作用下，到婚龄年龄段，男女两性的人口基本就会处于均衡状态，进入老年期后的人口性别比降到 100 以下。有学者测算指出，存在社会因素干扰的条件下，如果有 10% 的孕妇或家庭具有强烈的男孩偏好，且能够便捷地获得性别选择技术和顺利实施性别选择性引流产的话，那么，出生性别比将从 107 上升到118.89；如果将这一比例提高到 20%，出生性别比将从 107 上升到 133.75（汤兆云，2007）。因此，出生性别比是决定人口性别结构的基础，正常的出生性别比能够很好地保证每个年龄段的性别比例处在正常值范围之内，进而保证社会稳定，是人口长期均衡发展的关键。

出生性别比是各类性别构成统计中最基本的统计分析指标，它是一个时期性指标，在没有人为干扰受孕性别比与出生性别比的条件下，只要出生婴儿及其性别登记完整准确，那么，出生性别比无疑是出生男婴数与女婴数相对量化的客观反映。但如果是调查资料，出生性别比还是一个在大数定律作用下表现稳定的人口统计指标，对统计数量比较敏感。在计算出生性别比之前，首先需要对数据资料进行分析评估，确认数据量是否足够大和数据是否准确。即统计数量对于判断出生性别比的正常值范围有着直接的影响，要求在计算和分析出生性别比时，首先考虑出生人口规模对指标计算的影响，不能简单认为出生性别比低于 103 或高于 107 就是出生性别比失衡，因为可能出现因样本规模不足而导致的随机波动（刘爽，2007）。

出生性别比升高是不同年龄段人口性别比上升的前提。所以，出生性别比在度量人口的均衡发展中，起着重要的预警作用。出生性别比以及随后各年龄段人口的死亡率共同决定了一个人口群体的性别构成，出生性别比的变化直接影响着人口的性别年龄结构的变化。从更广泛的角度看，人口性别年龄结构又影响着将来的人口婚姻形态和就业结构，从而对社会经济的健康发展产生重要和深远的影响。

3.1.3 中国生育政策的形成与发展

出生性别比是基于个体的生育意愿和行为所呈现的宏观人口学指标，经济、文化、政策、技术等社会子系统的影响通过家庭生育决策折射到个人，并通过性别选择态度、主观规范、知觉行为控制影响妇女个体的生育偏好，进而转化为生育选择行为（宋健，2014）。我国有着独特的生育政策，与出生性别比有着密切关系，本部分将对于我国生育政策的形成与发展进行总结。

原新（2016）在研究中介绍：1949 年中华人民共和国成立以后总人口为5.42 亿，经济社会发展需要人口增加，人口生产出现了补偿性生育现象。此时，我国对人口增长问题放任自流、没有任何限制，之后虽经历了"大跃进"和"三年困难"时期，人口死亡率异常升高，但并未阻挡人口总量的快速增加，1964 年超过 7 亿，1974 年越过 9 亿，呈现"爆炸式"增长。同时，在我国人口规模以前所未有的高速度急速膨胀的阶段，恰恰遭遇了"文化大革命"。一方面，经济社会系统受"文化大革命"的巨大冲击，生产能力低下，生产力不足，物质资源匮乏；另一方面，家庭的生育能力到了极致状态，妇女总和生育率水平始终在 6 上下波动，达到了我国历史上空前绝后的高生育率，特别是 1963 年，总和生育率最高值甚至达到 7.5，年出生人口规模达 2 959 万人，创历史最高纪录。20 世纪 70 年代初，为抑制人口过快增长，我国开始在全国范围内推行计划生育政策。

无论出于客观需要，还是出于现实情况，计划生育政策自产生之日起，就不断地根据人口、经济、社会发展形势做动态调整。20 世纪 70 年代初期，"晚、稀、少"（即晚婚、晚育、少生、拉开间隔生）的弹性政策拉开了计划生育的序幕。随后，生育政策迅速收紧，20 世纪 70 年代中期，家庭生育孩子数量提倡最多 3 个，70 年代后期过渡到最好 2 个。1978 年"国家提倡和推行计划生育"被写入《中华人民共和国宪法》（以下简称《宪法》）。1980 年明确提出"提倡一对夫妇只生一个"的独生子女刚性政策，1982 年把计划生育确立为一项基本国策。1982 年《宪法》修订又增加了"夫妻双方有实行计划生育的义务"条款。然后，在 1984 年为缓和农村生育与生产生活的矛盾，修改农村家庭可生育"一孩半政策"（即第一胎是男孩就不能再生第二胎，第一胎是女孩可以再生第二胎）。90 年代开始，各省域逐步实施"双独二孩"政策。21 世纪以来，部分省域逐步实行了农村普遍二孩政策。至此，形成了长达 30 年之久的城镇"一孩"农村"一孩半"、部分人群和部分省域可以"二孩"，少数民族适当放宽的计划生育政策基本面（原新，2016）。

之后，2013 年单独二孩政策启动，陆续在各省域落地实施，进一步放宽计划生育政策的呼声越来越高。"单独二孩"政策实施后的第一年，并未出现预计的"生育高峰"，2015 年 10 月中共中央第十八届五中全会做出决定，全面实施一对夫妇可生育两个孩子政策。同年 12 月 27 日，第十二届全国人大第十八次会议将"提倡一对夫妻生育一个子女"修改为"提倡一对夫妻生育两个子女"，标志着我国结束了以一孩为主导的偏紧生育政策的历史。

作为调节人口生育行为最主要手段的生育政策（法规），客观上发挥了重要的规范和引导作用，绝大多数公民依法依规约束自己的生育行为，在党政领导重视和相关因素的共同作用下，人口再生产实现了从"高出生、高死亡、高增长"到"低出生、低死亡、低增长"的根本转变，为我国经济、社会、环境、资源的协调发展和可持续发展创造了良好的人口环境。但是，人口和计划生育工作同时也暴露出一些问题，如偏紧的生育政策强制约束作用催生了人口老龄化、出生性别比升高、独生子女家庭增加、独生子女死亡和伤残特殊群体出现等问题（石雅茗，2016）。

出生性别比升高并不是一个突发性事件，而是由经历若干年之后的累积效应产生的，出生性别比的变化是在各种影响因素的共同作用下，随着时间的延长，影响因素的积累作用下产生的。生育政策对出生性别比异常变化的影响同样经历了一个效应积累的过程。基于我国经济社会和人口管理的城乡二元体制，从城镇"一孩"、农村"一孩半""单独二孩"到"全面二孩"，生育政策从政策设计到制度安排都表现出城乡差异的特点（石雅茗，2016）。

3.2　中国全国出生性别比时间特征

3.2.1　全国出生性别比

出生性别比长期严重失衡是我国人口发展领域的一个突出问题。随着经济社会发展，我国出生性别比的态势也在不断发生变化。这种变化对于如何认识我国的出生性别比问题具有重要意义。本节从多维度、多视角，对我国全国出生性别比，东中西部分孩次出生性别比，分城乡出生性别比，以及女性不同生育年龄、不同受教育程度的出生性别比，进行动态时间特征研究。

中国的人口数据有着独特的统计来源和口径，分散在多个政府部门，如国家统计局是法定的权威统计部门，负责人口普查和每年的人口抽样调查；公安部门负责户籍制度和户口登记，提供户籍人口数据；卫生和计划生育委员会负责监测中国出生人口及人口变动，提供出生人口数量和一些关键指标数据，如出生率、死亡率和自然增长率。各个部门提供的同一指标数据可能不一致，有时甚至相差很大，其中人口普查数据是比较全面和权威的数据（姜全保，等，2018）。

因此，本书的研究数据来自第三次、第四次、第五次、第六次全国人口普查（简称"三普""四普""五普"和"六普"）资料和1985年、1995年、2005年及2015年全国1%人口抽样调查资料。第三次全国人口普查的标准时间是1982年7月1日零时；第四次全国人口普查的标准时间是1989年1月1日零时；第五次全国人口普查的标准时间是1999年11月1日零时；第六次全国人口普查的标准时间范围是2009年11月1日零时。

具体数据来源为：1981年数据来自国务院人口普查办公室《第三次全国人口普查手工汇总资料汇编》的第三册《人口自然变动情况》。1985年、1995年、2005年、2015年数据分别来自1985年、1995年、2005、2015年全国1%人口抽样调查。1989年、2000年和2010年数据来自《中国1990年人口普查资料》《中国2000年人口普查资料》和《中国2010年人口普查资料》。其中，2000年和2010年出生性别比数据来自人口普查"长表"，其余年份数据来自人口普查"短表"。由于人口普查"长表"是抽样数据，因此与"短表"数据存在一定差异。若无特别说明，本书分析所使用的数据均来源于如上资料，或是根据上述数据计算整理后的结果。

1953年第一次人口普查时全国出生性别比为108.6；1964年第二次人口普查时全国出生性别比为106.6；1982年第三次人口普查前，全国出生性别比虽然个别年份偶有偏高，但总体上处于正常区间内。"三普"数据显示，1981年全国出生性别比为107.6，恰好越过国际公认的出生性别比正常值范围最高值。第四、五、六次人口普查调查显示，1989年、2000年、2010年全国出生性别分别为111.9、116.9、117.9，显示出我国出生性别比近三十年来始终处于高位。根据顾宝昌和徐毅（1994）、汤兆云（2014），以及《中国人口统计年鉴》、历次人口普查数据及人口抽样调查数据，1950—2017年全国出生性别比及其时间趋势，分别如表3.1、图3.1所示。

表 3.1 1950—2016 年中国全国出生性别比

年份	出生性别比	年份	出生性别比	年份	出生性别比
1950	104.8	1973	106.3	1996	116.2
1951	105.5	1974	106.6	1997	117.0
1952	106.5	1975	106.4	1999	119.4
1953	108.6	1976	107.4	2000	116.9
1954	108.5	1977	106.7	2001	115.7
1955	109.4	1978	105.9	2002	119.9
1956	109.7	1979	105.8	2003	117.5
1957	110.3	1980	107.4	2004	121.2
1958	110.3	1981	107.6	2005	118.6
1959	108.8	1982	108.5	2006	119.6
1960	110.3	1983	107.9	2007	120.2
1961	108.8	1984	108.5	2008	120.6
1962	106.6	1985	111.4	2009	119.5
1963	107.1	1986	112.3	2010	117.9
1964	106.6	1987	110.9	2011	117.8
1965	106.2	1988	110.3	2012	117.7
1966	112.2	1989	111.9	2013	117.6
1967	106.2	1990	111.3	2014	115.9
1968	102.5	1991	118.3	2015	113.5
1969	104.5	1992	115.9	2016	113.4
1970	105.9	1993	115.1	2017	111.9
1971	105.2	1994	118.3		
1972	107.0	1995	115.6		

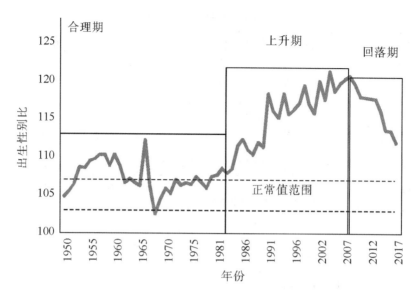

图 3.1   1950—2017 年中国出生性别比

由表 3.1 和图 3.1 可知，自新中国成立以来，我国出生性别比总体呈现"先升后降"的倒"U"形态势，时间上大致分为合理期、上升期和回落期三个阶段。其中，1950—1980 年为合理期，这一阶段除个别年份出生性别比值稍高外，总体上以围绕正常值范围上下轻微波动。然而，进入 20 世纪 80 年代以后，伴随一孩为主导的偏紧生育政策出台，多孩生育受到限制，出生性别失衡征兆初露端倪。从 20 世纪 80 年代中期开始，全国出生性别比开始偏离正常水平，并持续攀升，1981 年为 107.6，略高于正常值范围上限值，1985 年达到111.4，偏离正常值范围上限 4.4 个百分点。此后，全国出生性别比始终处在"上升通道"，据 1988 年全国生育节育抽样调查数据显示，1982—1987 年全国出生性别比平均值为 109.6。

我国出生性别比升高的异常情况也引起了党和政府的高度重视，1983 年 7月 3 日，《人民日报》发表了《一个值得引起重视的大问题》的评论员文章。文章说："由于重男轻女的封建残余思想作怪，在一些地方，尤其是某些农村，不时发生溺杀、遗弃女婴的犯罪现象，人为地造成男女婴儿比例失调，这是一个值得引起重视的严重问题。为了对国家的后代负责，我们一定要重视男女比例失调的问题。要支持和保护只生一个女孩的夫妇，并要采取措施帮助只生一个女孩的家庭解决实际困难。对于残害女婴的违法犯罪行为，一定要依法制裁。"

针对我国出生人口性别失衡问题，从 20 世纪 80 年代中期开始，各级政府和计划生育部门采取了多种直接和间接的措施，颁布并实施了一系列的法律法规，试图遏制出生性别比的上升趋势。然而在各种措施和政策密集出台的背景下，我国出生性别比过高并没有得到有效抑制。杨菊花（2009）认为，产生这一现象的原因是：出生性别比的失衡在时间上与我国实行计划生育政策同步，虽然生育政策以超前于经济发展、文化变迁的刚性手段制约着人们的生育水平，社会经济的发展也促使人们自觉少生，但是传统生育观念中男孩偏好的核心内涵却没有相应改变，偏紧的生育政策（法规）对生育行为的刚性制约留给人们选择生育数量的空间极为狭小，不能满足生育男孩、实现家庭续代及发展的预期。因此，部分家庭会通过技术手段逃避政策限制，造成我国出生性别比持续升高。

特别是1990—2007年，这一时期我国出生性别比步入快速上升阶段，持续保持较高态势。除个别年份稍有回落之外，出生性别比显著上升，平均值达到了117.6，且有愈演愈烈之势。1990年"四普"显示全国出生性别比为111.3，2000年"五普"显示全国出生性别比为116.9，较1990年增长5.6个百分点，超出正常值近10个百分点，严重偏离正常值范围。2004年全国出生性别比继续上升到121.2，创历史高位，随后五年在120上下轻微波动。出生性别比失衡地区也从局部省域向全国蔓延，达到前所未有的水平，我国成为世界上出生性别比偏高时间最长、偏高程度最严重的国家，性别失衡已构成社会发展中的一个重大挑战（顾宝昌，2011）。

进入2000年后，针对性别失衡问题，社会认知不断发展变化，政府、社会、民众和媒体的关注程度逐渐提高。为扭转出生性别比严重失衡的局面，国家严厉打击"两非"行为、出台《禁止非医学需要的胎儿性别鉴定和选择性别人工终止妊娠的规定》、强化出生实名登记、规范医疗服务、积极构建计划生育家庭利益导向机制、开展关爱女孩行动和婚育新风进万家等多项社会综合治理行动，从行为、制度和意识形态等多方面齐抓共管（石雅茗和刘爽，2015）。

"十二五"时期是我国社会和经济转型的重要时期，也是解决出生性别比偏高问题的关键时期。《国家人口发展"十二五"规划》首次将性别比纳入其中，并提出"十二五"时期将出生性别比下降至115以下的目标。"十三五"规划提出，将出生性别比降至112以下，2030年实现出生性别比回归正常的战略目标。随着综合治理措施持续实施及计划生育政策的逐步放开，我国出生性别比偏高的局面得到了有效遏制，2009年迎来出生性别比拐点，告别自20世纪80年代以来持续升高且高位运行的状态，步入"下行通道"，至2017年实现全国出生性别比的"八连降"。

步入"十二五"时期，出生性别比延续了"十一五"后半期的下降态势，但下降速度有所放缓，2011 年全国出生性别比仍高达 117.8，2012 年降至 117.7，降幅仅为 0.1 个百分点，2013 年进一步降至 117.6 左右，降幅也仅有 0.1 个百分点。"突降"发生在 2014 年，全国出生性别比由 2013 年的 117.6 降至 115.9，降幅高达 1.7 个百分点，约为 2011—2013 年出生性别比年均降幅的 19 倍。

产生这一现象的主要受我国偏紧的生育政策开始转向宽松的生育政策的积极促进作用的影响。2011 年前后，我国开始农村"单独两孩"试点，2013 年 11 月 12 日，正式实施"单独两孩"政策，意味着所有的独生子女夫妇都可以生育二孩。2015 年 12 月 27 日，全国人大常委会表决通过了《中华人民共和国人口与计划生育法修正案》，"全面二孩"政策于 2016 年 1 月 1 日起正式实施。此后，我国出生性别比持续下降，2017 年降至 111.9，朝着正常水平迈进，这一指标离正常值范围上限 107，仅差 4.9 个百分点。至此我国出生性别比偏高表现为回落趋势的基础基本稳固。

综上，对于我国出生性别比而言，在新中国成立至 20 世纪 80 年代前期这一段较长的时间内，总体上呈现正常水平。但是，自 20 世纪 80 年代中期开始，我国出生性别比开始偏高，并呈现出持续升高趋势，迄今为止出生性别比失衡已长达近 40 年之久。这种失衡发生在我国社会经济快速发展、限制性生育政策推行、生育率下降速度快于性别偏好缓解的速度、实际生育水平低这个大的历史背景之下（杨菊花，等，2009）。总体而言，近 40 年我国全国的出生性别比在时间上呈现以下特点：①出生性别比在较长的时间内始终处于高位，具有普遍性、广泛性和积累性；②出生性别比波动较大；③21 世纪后期，出生性别比高位运行的趋势开始回落，距离世界公认的 103～107 的正常值范围越来越近，显示我国对于出生性别比的综合治理开始逐步见效。可以预见，随着 2015 年二孩生育政策的全面实施，出生人口数量适度增加，会进一步促使出生性别比下降。

3.2.2　东中西部出生性别比

我国不同地区生育政策对子女生育数量有不同规定，在生育政策规定一对夫妇只能生一个孩子的地区，由于传统男孩生育意愿的影响，通过性别鉴定来进行出生婴儿的性别选择行为可能存在，其行为结果表现为出生性别比偏高。在生育政策允许一对夫妇可以生育 1.5 个及以上孩子的地区，可以部分满足他们对生育子女数量和性别的意愿，他们对出生子女性别没有比前种情况更强烈的要求，出生子女的性别（特别是第一胎）是自然力作用的产物，其行为结果表现为出生婴儿性别比较前一种情况低。从而，我国出生性别比通过地区差异和孩次差异表现出来（汤兆云，2014）。我国各普查及人口抽样调查年份中，东中西部的出生性别比如表 3.2 和图 3.2 所示。

表 3.2 东中西部出生性别比

年份	东部	中部	西部	东部-西部	中部-东部	中部-西部
1981	108.0	108.0	106.7	1.3	0	1.3
1986	111.8	111.3	108.8	3.0	−0.5	2.5
1989	112.6	111.2	109.8	2.8	−1.4	1.4
1995	119.3	120.0	110.9	8.5	0.7	9.1
2000	120.1	126.1	114.0	6.0	6.0	12.1
2005	118.2	121.5	117.1	1.1	3.3	4.4
2010	122.0	124.9	116.1	5.9	2.9	8.8
2015	112.9	114.1	113.9	−1.0	1.2	0.2
1981—1986	3.8	3.3	2.1			
1986—1989	0.8	−0.1	1.0			
1989—1995	6.7	8.8	1.1			
1995—2000	0.8	6.1	3.1			
2000—2005	−1.9	−4.6	3.1			
2005—2010	3.8	3.4	−1.0			
2010—2015	−9.1	−10.8	−2.2			

备注：东部地区包括北京、天津、河北、辽宁、上海、江苏、浙江、福建、山东、广东、海南；中部地区包括山西、吉林、黑龙江、安徽、江西、河南、湖北、湖南；西部地区包括内蒙古、广西、重庆、四川、贵州、云南、西藏、陕西、甘肃、青海、宁夏、新疆。

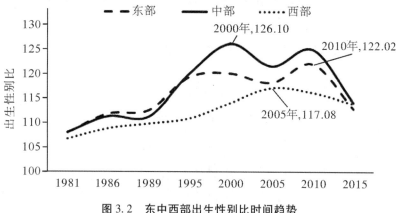

图 3.2　东中西部出生性别比时间趋势

由表 3.2 和图 3.2 可知，我国东中西部地区出生性别比的时间趋势存在一定的共性与差异，除 1981 年西部地区的出生性别比正常之外，其余年份三个地区的出生性别比均高于正常值最高水平，表明我国的出生性别比偏高不是某时某地的特殊现象，而是一个持续时间长、全局性的人口结构异常特征。随着出生性别比失衡在空间上的逐渐扩散，西部地区的出生性别比于 1986 年起开始偏离正常值范围，但失衡的严重程度不如东部和中部。

随着时间的推移，我国东中西部地区的出生性别比均逐渐走高，呈现先上升后下降走势，从中东部地区大于西部地区向东中西部地区均衡发展演进。其中，1980—2000 年的 20 年时间，东中西部地区的出生性别比均处于上升阶段，对于东中部地区而言，上升幅度最快的时间段是 1989—1995 年，出生性别比分别增长了 6.7 和 8.8 个百分点，西部地区出生性别比上升最快阶段为 1995—2005 年这十年间，共计上升了 6.2 个百分点。东中部地区出生性别比下降阶段也较西部地区先出现，首次下降出现在 2000—2005 年，其后 2005—2010 年有所反弹，各自又上升了 3.8 和 3.4 个百分点。

中部地区的出生性别比在 1995 年首次超过东部地区后，一直处于三个地区的最高水平，波动也最为剧烈，变动趋势与东部相近，表现出先上升后小幅下降，再上升最终显著下降的特点。除 2015 年外，西部地区的出生性别比在三个地区中大多数时间处于最低水平，波动的幅度也较为平缓，先逐渐上升到 2005 年达到极值，后缓慢下降。

东中西部地区的出生性别比在 2010—2015 年均步入"下行通道"，中部地区下降幅度最大，下降了 10.8 个百分点，东部地区紧随其后，下降了 9.1 个百分点，西部地区因为出生性别比失衡状况没有中部和东部地区严重，因此下降较少，只下降了 2.2 个百分点。截至 2015 年，东中西部地区出生性别比之间的差距变得很小，中部地区高于东部地区 1.2 个百分点，高于西部地区 0.2 个百分点。

3.2.3　分孩次出生性别比

绝大多数学者认为，无论是从一定时空条件下的出生婴儿总数看，还是从分孩次出生看，男婴与女婴的出生概率虽有差异，但各自的出生概率基本上是相对稳定或是略有微小波动的，其出生性别比通常在 103~107 波动（王伟，2016）。在自然状态下，一个家庭内不同孩次之间婴儿出生的性别应是相互独立的，第二孩及以上分孩次、分性别次序的母亲再育，与再育前母亲生过的孩次、性别次序史完全无关（Johansson，1984）。一个国家（地区）不同孩次的出生性别比也应符合这一规律，否则表明该国家（地区）对某一性别的孩子有所偏好，进而影响出生性别比的大小。

但是，根据我国现有的人口统计资料来分析，总体上来说，我国分孩次的出生性别比在 1980 年以前基本上是正常的。20 世纪 70 年代，我国分孩次的出生性别比较为稳定，且在正常的值域之中。一孩、二孩、三孩、四孩、五孩及以上出生性别比分别为 106.8、104.5、105.9、107.3、107.5[①]。但是，1980 年之后，特别是 20 世纪 80 年代中期以后，多孩次出生性别比陡然升高，我国出生性别比有了明显的孩次特征，孩次越高，出生性别比一般也越高。我国 1981 年之后历次人口普查及人口抽样调查，分孩次出生性别比如表 3.3 和图 3.3 所示。

表 3.3　1981—2015 年中国分孩次出生性别比

年份	一孩 （1）	二孩 （2）	三孩及以上 （3）	（2）-（1）	（3）-（1）
1981	105.3	107.2	112.6	1.9	5.4
1986	107.7	117.3	123.3	9.6	6
1989	105.2	121.0	126.6	15.8	5.6
1995	106.4	141.1	154.3	34.7	13.2
2000	107.1	151.9	159.4	44.8	7.5
2005	108.4	143.2	152.9	34.8	9.7
2010	113.7	130.3	158.4	16.6	28.1
2015	109.8	113.3	148.5	3.5	35.2

---

① 汤兆云. 我国出生性别比问题研究 [M]. 成都：电子科技大学出版社，2014：65.

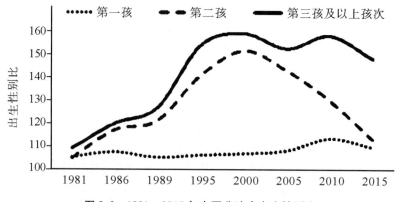

图 3.3　1981—2015 年中国分孩次出生性别比

　　由表 3.3 和图 3.3 可知，1981 年，一孩、二孩、三孩及以上孩次的出生性别比分别是 105.6、105.2 和 109.4，不同孩次之间的差异并不大。但是自此之后，二孩、三孩及以上孩次的出生性别比逐渐偏离正常水平。自 1982 年之后，孩次越高，出生性别比越高，孩次之间的出生性别比差异也越显著。1989 年一孩、二孩、三孩及以上孩次的出生性别比分别是 105.4、121.4 和 120.0，一孩出生性别比为正常值范围，二孩、三孩及以上则失衡较为严重；2000 年，一孩、二孩、三孩及以上孩次的出生性别比分别为 107.1、151.9 和 159.4，孩次递进效应非常明显，二孩出生性别比突然升高 44.8 个百分点，三孩及以上出生性别比又比二孩高出 7.5 个百分点，达到我国出生性别比失衡的峰值。

　　生育政策对出生性别比升高的推动作用，在分孩次出生性别比上表现得更为明显，限制性的生育政策在较短时间内以较快的速度降低了多孩次孩子出生比率，低孩次出生成为新增人口的主体。与此同时，长期出生性别比偏高对人口性别失衡的累积作用也开始显现，2010 年二胎和三胎及以上出生人口性别分别为 130.3 和 158.4，尽管较 2000 年的 151.9 和 159.4 略有下降，但全国一胎出生性别比快速攀升至 113.7，首次显著高于正常水平，较 2000 年升幅达到 6.61 个点，表明选择性别生育的人群向初育人群扩大。

　　从贡献度角度来看，一胎性别比的快速上升和扩散已经上升为当前我国总体出生性别比持续偏高的主要原因。据 2010 年人口普查可知，全国一孩出生数占全部出生数的 62.2%，因此，一孩出生性别比的变化对整个出生性别比的变化具有较大的影响。以 2010 年的出生孩子孩次结构推算，即使其他孩次的出生性别比保持不变，一孩出生性别比每升高 1 个单位值，总出生性别比就会提高 0.62 个单位值（石人炳，2013）。与此同时，第三孩及以上孩次的出生性别比自偏离正常值范围后，也尚无回归正常值的趋势，且自 1995 年起呈现出一定的稳定态势，各调查年度间围绕 155 上下小幅波动，很有可能是普遍二孩后，具有性别偏好人群推后了孩子性别选择的胎次。

之后，随着宽松计划生育政策的实行，全国一孩、二孩及多孩的性别比逐渐开始有了较大幅度的回落，2015 年分别降低为 109.8、113.3 和 148.5，与 2010 年相比，一孩出生性别比下降了 4.1 个百分点，二孩出生性别比下降则更为显著，下降了 17 个百分点，二孩次性别失衡状况得到明显改善，三孩及以上出生性别比下降了 10.1 个百分点。由此可见，近些年来我国二孩出生性别比的下降，显著拉动了出生性别比的整体下降，这也得益于我国生育政策的调整和完善。

马瀛通（1989，1994）、陈友华（1990）认为分孩次出生性别比升高的一个不可忽视的因素是分孩次、分性别次序的母亲再育或控制再育所占比重不同。王广州和傅崇辉（2009）认为中国出生性别比升高的机制从 20 世纪 80 年代初开始，孩次性别递进生育性别比脱离自然法则约束，男孩偏好强烈，生育第一孩的性别比也表现出明显的偏离正常值的人为生育干预特征。梁海艳和倪超（2018）指出受"一孩半"生育政策影响，出生性别比呈现出随着孩次的递增而不断升高，计划生育政策进一步加剧了出生性别比的失衡。

综上所述，我国这种出生性别比随孩次升高的现象，并不是出生性别比的自然属性这种持续性的性别失衡，而主要是由高孩次的出生性别比拉动上升的失衡。

3.2.4 城乡出生性别比

长期以来，在城乡二元结构条件下，我国城镇和乡村的经济社会环境、发展水平、生活方式、居住格局、生育观念不一致，导致城市与农村对出生性别的偏好也有明显差异，最终表现为出生性别比的城乡差异。Park 和 Cho（1995）研究表明，韩国的出生性别比于 20 世纪 80 年代中期在大城市首先发生失衡，然后在 80 年代后期和 90 年代初期扩散到城镇和农村；我国则显著不同，出生性别比失衡首先发生在农村地区，然后逐渐扩散到城镇。这主要是因为我国农村经济不够发达，生产和生活方式多依赖体力劳动，农村居民存在一定的男孩偏好。

城市、镇和乡的划分标准为：城镇包括城区和镇区。城区是指在市辖区和不设区的市、区、市政府驻地的实际建设连接到的居民委员会和其他区域。镇区是指在城区以外的县人民政府驻地和其他镇。乡村是指城镇以外的区域。我国历次城市、镇和乡村出生性别比，如表 3.4 和图 3.4 所示。

表 3.4　中国城市、镇、乡村出生性别比

年份	城市	镇	乡村	乡村-城市
1981	109.6	—	107.6	-2.0
1986	110.5	113.4	113.6	3.1
1989	110.5	114.0	114.5	4.0
1995	111.9	115.6	117.8	5.9
2000	114.2	117.2	121.7	7.5
2005	115.2	118.9	122.9	7.7
2010	118.3	122.8	122.1	3.8
2015	110.4	115.2	114.8	4.4
2015—2010	-7.9	-12.4	-11.7	0.6
2015—1981	0.8	1.8	7.2	6.4

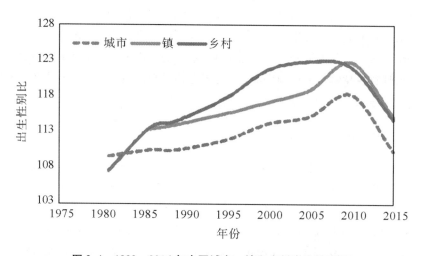

图 3.4　1982—2016 年中国城市、镇和乡村出生性别比

从表 3.4 和图 3.4 可知，我国的出生性别比从 20 世纪 80 年代中期开始全面走高，不仅农村的出生性别比上升，镇和城市的出生性别比也逐渐偏离正常值范围。根据李伯华和段纪宪（1986）研究，我国 1982 年 1‰生育率调查数据显示，1940—1981 年的大部分年份里，农村出生性别比略高于城镇，但也有 1/3 的年份里城镇出生性别比略高于农村，所以就 1982 年单独的一年而言，

很难证明我国农村出生性别比高于城镇为真实存在的失衡现象。

1982—2016 年，我国城市、镇和乡村的出生性别比演变趋势相似，均呈倒 "U" 形，其中 20 世纪 80 年代中期到 2010 年间，出生性别比持续上升达到峰值，之后 2010—2015 年起开始大幅回落。其中，乡村居民的男孩偏好一般强于城镇，出生性别比失衡现象更加明显。2000 年，乡村出生性别比为121.7，2005 年升高到 122.9，2010 年下降到 122.1，呈现下降趋势，2015 年下降到 114.8，回落明显，但是依旧处于中度偏高状态。镇是我国介于城市和乡村的一种社会形态，长期以来，我国镇域的出生性别比也介于城市和乡村之间，2000 年为 117.2，2010 年升高 5.6 个百分点，达到 122.8，2015 年则回落为 115.2。

城市出生性别比则低于镇和乡村，2000 年城市出生性别比为 114.2。王钦池（2014）研究指出，2000—2010 年，随着我国城镇化快速推进，大量流动人口涌入城镇，据第六次人口普查数据可知，居住在城镇的人口占总人口的49.68%，同 2000 年人口普查相比，城镇人口比重上升 13.5%。流动人口约为2.6 亿，比 2000 年增加 11 700 万人，增长 81%。相对于城镇非农村流入人口而言，农村流入城镇人口更易生育男孩，由此造成出生性别比偏高的现象从农村向城市和镇域扩散，出生性别比偏高的态势由以往的农村地区严重发展为城乡都十分严重。2010 年城市出生性别比升高到 118.3，比 2000 年升高了 4.2 个百分点，呈现明显升高态势，主要原因是城市和镇出生性别比升高。之后城市出生性别比上升趋势掉头直下，2015 年减少到 110.4。

对比看，20 世纪 80 年代中期以后，由于乡村居民的男孩偏好一般强于城镇，出生性别比失衡现象更加明显。特别是 1990 年之后，城乡出生性别比之间的差距逐渐加大，2005 年城乡差异达到最大，乡村出生性别比比城市高 7.7个百分点。但是，2005 年之后由于城镇出生性别比的加速上升，城乡出生性别比的相对关系发生了明显变化：虽然城市仍然低于镇，但是镇的出生性别比超过乡村 0.7 个百分点，改变了长期以来乡村出生性别比高于镇的格局，城市、镇和乡村出生性别比差异相对缩小，2015 年城乡二者差距减少为 4.4 个百分点。

汤兆云（2006）认为出生性别比的城乡差异反映了我国生育政策作用效果不同，生育政策对镇和农村出生性别较城市出生性别比产生的影响更大。梁海艳和倪超（2018）经过个案访谈，认为中国出生性别比城乡差异明显的主要原因可以归结为经济、文化观念和生活场域三个方面。第一，经济方面，男孩和女孩在农村与城市的 "经济效用" 不同，农业生产中男性的经济效用远大于女性；城市则不同，男性在城市生活场域中并不一定表现出绝对的体力优势；同时在城市抚养一个男孩的经济成本要远远高于女性。第二，文化观念方面，城乡居民对男孩和女孩的偏好不一样，农村人们对男孩的偏好更加严重。第三，生活场域方面，农村居民生活在熟人空间中，而城市居民大多生活在陌生人口空间中，导致农村地区由于"面子效应"对男孩具有更强的性别偏好。

另外，在城市、镇和乡村不同地域中，不同孩次的出生性别比也存在较大差异。我国历次人口普查和人口抽样调查年份，城市、镇和乡村分孩次的出生性别比，如表3.5和图3.5所示。

表3.5　中国城市、镇、乡村分孩次的出生性别比

地域	年份	1981	1986	1989	2000	2005	2010	2015
城市	一孩	108.5	107.3	105.6	108.9	109.7	113.4	105.8
	二孩	114.6	117.4	121.3	147.6	138.1	132.9	115.1
	三孩及以上	140.0	123.3	131.4	169.1	139.7	175.4	168.4
	三孩与一孩之差	31.5	16.0	25.8	60.2	30.0	62.0	62.6
镇	一孩	—	107.2	108.0	110.4	111.4	114.5	114.0
	二孩	—	119.9	125.5	154.6	136.7	132.9	111.8
	三孩及以上	—	125.0	129.6	180.4	168.6	169.0	150.5
	三孩与一孩之差		17.8	21.6	70.0	57.2	54.5	36.5
乡村	一孩	104.6	107.9	104.8	105.7	106.7	113.6	111.0
	二孩	106.9	116.6	120.7	152.1	145.8	129.0	113.1
	三孩及以上	112.5	122.9	126.2	157	152.5	154.2	143.9
	三孩与一孩之差	7.9	15.0	21.4	51.3	45.8	40.6	32.9

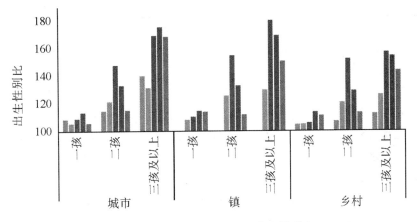

图 3.5　中国城市、镇、乡村出生性别比

由表 3.5 和图 3.5 可知，中国的城市、镇和乡村的出生性别比总体特征是随着孩次的升高，性别比递增，在城市、镇和乡村内部孩次之间的差异也不例外。城市中，一孩和二孩的出生性别比呈现从攀升到回落的倒"U"形走势，三孩及以上则呈现波动走势，1986 年有所回落，2000 年大幅攀升，2010 年达到 175.5 的最大值，其后 2015 年稍有回落。在镇域层面，一孩、二孩、三孩及以上的出生性别比均呈倒"U"形走势，三孩及以上与一孩之间的出生性别比之差在 2000 年达到 70 个百分点，其中三孩及以上的出生性别比达到了历史最高点的 180.4。乡村层面，一孩、二孩、三孩及以上的出生性别比与镇域类似，但是三孩及以上与一孩之间的出生性别比之差小于镇域和城市。

3.2.5　女性不同生育年龄的出生性别比

中国出生性别比不仅普遍偏高，而且随着女性生育年龄变化，出生性别比也不尽相同。我国历次人口普查及人口抽样调查年份，女性不同生育年龄的出生比如表 3.6 所示。

表 3.6　历次人口普及等人口抽样调查年份女性不同生育年龄的出生性别比

年份	30 岁以下	30~40 岁	40 岁以上
1986	101.2	103.7	106.3
1989	104.3	105.9	107.5
1995	105.7	106.9	109.6
2000	116.3	136.8	114.9

表3.6(续)

年份	30岁以下	30~40岁	40岁以上
2005	118.1	124.7	135.8
2010	119.0	129.2	146.2

由表3.6可知，随着女性生育年龄的增加，出生性别比呈逐渐上升趋势，1985年至1995年，各年龄层出生性别比均维持在正常值范围内。2000年以来，各年龄层出生性别比都超出了正常值范围，女性生育年龄在30岁以下的出生性别比较其他年龄层低；随着生育年龄增长，出生性别比也随之上升。女性生育年龄在30岁以上的出生性别比均严重失衡，2010年40岁以上的女性生育性别比达到最高值146.2。这种现象出现的原因是40岁以上女性一般生育二胎，且为高龄产妇，后续通过增加子女数量达到生育男孩的目的的概率很小，对于性别的偏好就会更加强烈，因此在生育时一般会选择使用相应的生育辅助技术手段达到生育男孩的目的。

3.2.6 女性不同受教育程度的出生性别比

出生性别比还与女性受教育程度有着密切的关系。在一般情况下，出生性别比会随着女性受教育程度的提高而下降，这主要是由于女性随着受教育年限的不断增加，包括生育观念在内的价值观等发生转变，更能现实地考虑经济情况和抚养成本，对国家政策也比较理解与愿意配合，因此生育性别选择倾向较弱。自新中国成立以来，我国在妇女解放和促进性别平等方面取得了长足进步。2015年全国1%人口抽样调查数据显示，1949年及以前出生人口中，女性平均受教育年限为4.29年，"80后"女性平均受教育年限提高至10.92年，仅比男性少0.17年；到"90后"一代，女性平均受教育年限提升至12.18年（侯佳伟，等，2018）。表3.7为我国历次人口普查及人口抽样调查年份，女性不同受教育程度的出生性别比。

表3.7 历次人口普查及人口抽样调查身份女性不同受教育程度的出生性别比

年份	高中及以下	大专及本科	硕士研究生及以上
1986	119.5	107.5	105.3
1989	118.6	109.4	106.2
1995	120.5	113.1	107.6
2000	120.5	109.3	106.9

表3.7(续)

年份	高中及以下	大专及本科	硕士研究生及以上
2005	121.1	115.1	105.8
2010	124.3	112.7	106.5

由表3.7可知，女性受教育程度越低，子女的出生性别比越高，随着学历的升高对于男孩的偏好逐渐降低，出生性别比也趋于正常。其中，高中及以下学历的母亲的出生性别比均在118以上，而且随时间演变逐渐攀升，严重影响了我国出生性别比的稳定。大专及本科学历的女性生育时的性别偏好较高中及以下的女性低，因此其出生性别比基本维持115以下。硕士研究生及以上学历的女性，人格、经济独立，家庭及社会地位也较高，因此在进行生育决策时具有充分的自主权利，更易摆脱传统生育观念的束缚，所享受到的国家的福利待遇也在增加，因此性别歧视及偏好很弱，其出生性别比基本上保持在正常值域范围内。

总体上，中国人口性别失衡的演变进程是随着中国人口转型的变化而变动的（李树茁和果臻，2016）。20世纪90年代初，当我国生育率下降至低生育水平后，出生性别比偏高现象显现，出生人口性别结构失衡成为影响当前总人口性别结构失衡的主要原因。在演变的模式上，中国存在一种以出生性别结构变动为特征的人口转变模式，出生性别比转变存在"上升→徘徊→下降"的三阶段特征（李树茁，等，2011）。中国出生性别比转变在经历约18年的上升期和约10年的徘徊期后，稳定地进入下降期。此外，由于中国生育空间的区域差异，不同区域出生性别比转变具有不同的特点，出生性别比偏高发生的阶段、位置，以及性别比偏高的高度和持续的时间都存在差异（李树茁，等，2014）。

3.3 中国省域出生性别比的空间特征

3.3.1 中国省域出生性别比的空间差异

我国出生性别比高不仅仅是总体水平上出生男孩过多的问题，而且也体现在不同地域间。由于经济、社会发展程度不同，文化环境存在差异，出生性别比也存在显著的空间差异（王菲和刘爽，2011）。我国1930—1981年历次人口普查及人口抽样调查年份各省域的出生性别比数据，如表3.8所示。

表3.8 我国各省域历次人口普查及人口抽样调查年份出生性别比

省域	1930—1980	1981	1985	1989	1995	2000	2005	2010	2015
北京	102.7	106.7	107.9	107.3	110.6	114.6	117.8	112.2	110.2
天津	107.6	105.9	107.4	110.1	111.9	113	119.8	114.6	109.2
河北	106.0	107.2	108.7	111.7	118.2	118.5	119.4	118.7	113.8
山西	110.5	108.6	109.7	109.4	110.3	112.8	116.7	113.1	109.8
内蒙古	106.7	106.2	106.4	108.5	109.3	108.5	117.1	108.9	108.5
辽宁	107.9	106.4	107.9	110.1	108.9	112.2	109.5	112.9	111.4
吉林	107.0	107.4	107.4	108.5	110.7	109.9	109.3	115.7	113
黑龙江	108.1	105.6	106.4	107.5	108.5	107.5	110.7	115.1	111.8
上海	104.6	106.7	105.2	104.6	109.7	115.5	120.1	111.5	109.9
江苏	107.7	107.7	107.4	114.4	116.3	120.2	126.5	121.4	114.6
浙江	110.5	107.7	108.5	117.1	116.2	113.1	113.4	118.4	105.9
安徽	110.3	111.3	113.5	111.1	119.5	130.8	132.2	131.1	109.1
福建	108.4	106.0	109.5	109.5	111.5	120.3	125.9	125.7	112.6
江西	107.2	106.9	107.8	110.5	117.6	138.0	137.3	128.3	116.1
山东	107.9	109.2	109.9	114.5	116.3	113.5	113.4	124.3	109.2
河南	109.3	109.9	110.8	115.6	122.7	130.3	125.8	127.6	116.1
湖北	108.8	106.7	107.7	109.4	115.3	128	128	123.9	109.8
湖南	108.7	106.4	107.6	110.2	116.2	126.9	127.8	125.8	122.3
广东	109.7	110.4	115.7	111.6	114.5	137.8	119.9	129.5	119.5
广西	110.7	110.7	110.9	116.3	125	115.8	111.5	113.8	112.7
海南	—	—	—	114.9	125.9	135	122	129.4	114.4
重庆	—	—	—	—	—	115.8	111.2	113.8	112.7
四川	109.4	107.2	109.4	112.5	117.1	116.4	116.3	113	113.6
贵州	107.5	105.5	107.8	102.7	113.4	105.4	127.7	126.2	107.7
云南	105.1	104.1	107.9	107.6	114.7	110.6	113.2	113.6	113.4
西藏	—	99.4	103.5	100.2	100	97.4	105.2	100	127.2
陕西	110.4	109.1	106.4	110.7	109.4	125.2	132.1	116.1	115.8
甘肃	105.8	105.5	102.3	109.6	97.9	119.4	116.2	124.8	117.7
青海	100.1	102.3	109.4	104.1	112.6	103.5	116.9	112.7	109.9
宁夏	105.3	105.2	106.5	106.8	115.1	108	111.1	114.4	115.3
新疆	109.9	103.9	106.8	104.6	104.7	106.7	109.4	105.6	110.3

注：以上数据来自历次人口普查数据长表数据和人口抽样调查数据。

本节采用描述性统计分析方法对我国出生性别比的空间差异性进行分析。

首先，出生性别比的描述性统计和箱线图，如表3.9和图3.6所示。

表3.9　我国历次人口普查各省域出生性别比描述性统计

年份	最大值	最小值	极差	中位数	平均值	标准差
1930—1980	110.7	100.1	10.6	107.9	107.6	2.50
1981	111.3	99.4	11.9	106.7	107.0	2.46
1985	115.7	102.3	13.4	107.9	108.3	2.51
1989	117.1	102.7	14.4	109.9	109.9	3.63
1995	125.0	97.9	27.1	114.0	113.4	5.43
2000	138.0	103.5	34.5	115.1	117.2	9.44
2005	137.3	109.3	28.0	117.5	119.5	7.83
2010	131.3	105.6	25.7	115.9	118.5	6.96
2015	122.3	105.9	16.4	112.2	112.5	3.76
趋势	⌒	⌒	⌒	⌒	⌒	⌒

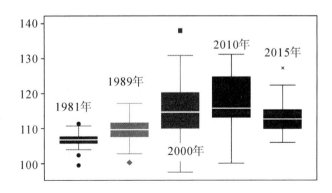

图3.6　我国历次人口普查各省域出生性别比的箱线图

中国幅员辽阔，是世界上领土面积排名第三的国家，各省域在地理环境、文化习俗、经济发展之间都存在较大差异，不同地域间的出生性别比也展现出了显著的分异特征。由表3.9和图3.6可知，我国各省域出生性别比的描述性统计指标多呈倒"U"形演变趋势。其中，标准差是描述数据变异大小的参数，标准差越大表明数据变异越大；反之则越小。1982年、1990年、2000年、2010年和2015年我国出生性别比的标准差分别为2.46、9.44、9.27、6.96和3.76。1982年、1990年、2000年、2010年和2015年我国出生性别比的极差分别为11.9、14.4、34.5、25.7和16.4。1981—2010年的30年间，我国各省域的出生性别比整体趋高，中位数从106.7上升到115.9，2015年则回落为112.2。各省域的出生性别比的极差呈倒"U"形走势，2000年达到峰值34.5，之后逐渐减少。以上分析表明我国各省域的出生性别比随着时间演变，经历了地区差异从增大到减少的转变，拐点出现在2000年，其后地区差异逐渐减少。

3.3.2 中国省域出生性别比的空间分布及结构

本节采用探索性空间数据分析方法，考察我国出生人口性别比的空间分布特征，判断出生性别比是否在我国省域之间存在空间集聚和空间差异，进而揭示各省域之间出生性别比的空间自相关作用机制。探索性空间数据分析方法的技术主要采用空间分位图和空间自相关检验，空间自相关检验又分为全局空间自相关和局部空间自相关检验（刘华，等，2014）。

1. 我国各省域出生性别比空间分布

首先，根据历次人口普查数据，使用Arcgis10.4软件，根据出生性别比失衡程度进行分级，绘制主要年份全国31省域出生性别比的空间分布图和各省域出生性别比排序图，如图3.7和图3.8所示，对我国各省域出生性别比的空间分布特征直观地进行观察。

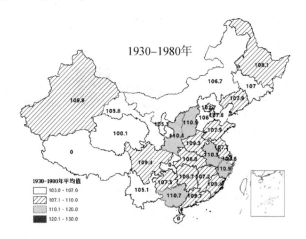

图3.7 1930—1980年各省域出生性别比平均值空间分位图
图片来源：国家地球系统科学数据中心。

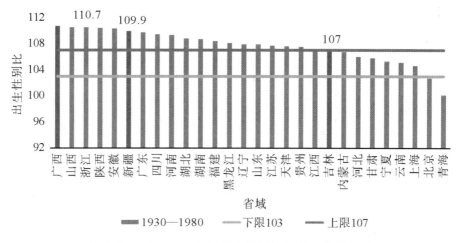

图 3.8　1930—1980 年各省域出生性别比平均值排序图

由图 3.7 和图 3.8 可知，1930—1980 年我国多数省域出生性别比在正常值范围或在轻微失衡的范围内，其中广西、山西、浙江、陕西、安徽、新疆等省的出生性别比在 110 左右，其余省域均在正常值范围内。出生性别比最大的省域是广西 110.7，最小的是青海 100.1，二者之间的差距为 10.6 个百分点，中位数为 107.9，平均值为 107.6，标准差为 2.5，各省域出生性别比的空间集聚性和空间差异性并不明显。

1981 年全国 31 省域出生性别比的空间分布图和各省出生性别比排序图，如图 3.9 和图 3.10 所示。

图 3.9　1981 年各省域出生性别比空间分位图

图片来源：国家地球系统科学数据中心。

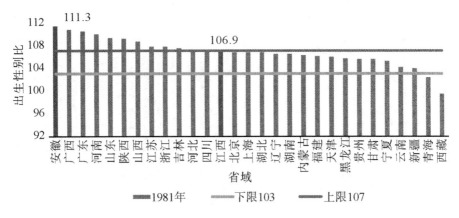

图 3.10　1981 年各省域出生性别比排序图

　　由图 3.9 和图 3.10 可知，1981 年我国各省域出生性别比中，东部和中部省域的出生性别比整体高于西部地区，但失衡的情况并不显著，仅表现在山东、山西、陕西、河南、安徽及两广等个别省域。空间集聚性和空间差异性比较显著，表现为以河南为中心的高值集聚区，以青海为中心的低值集聚区，而本身出生性别比较低的湖南和湖北则被较高值省域所包围，呈现出"低—高"聚集的特点。

　　全国 29 个省域（没有海南和重庆的数据）的出生性别比均在 112 以下，超过 107 的有 11 个省域，占全国所有省域的 37.9%，超过 110 出生性别比最高的三个省分别是安徽 111.3、广西 110.7 和广东 110.4，最低的是西藏 99.4。安徽与西藏之间的差距是 11.9 个百分点，中位数为 106.7，平均值为 107.0，仍在正常值范围之内，标准差为 2.46，各省域出生性别比之间的绝对差距较 1930—1980 年的出生性别比略有扩大，但是并不显著。

　　1989 年全国 31 省域出生性别比的空间分布图、各省域出生性别比排序图，以及 1981—1989 年各省域出生性别差值排序图，如图 3.11、图 3.12 和图 3.13 所示。

图 3.11　1989 年各省域出生性别比空间分位图

图片来源：国家地球系统科学数据中心。

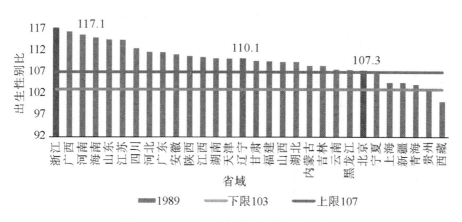

图 3.12　1989 年各省域出生性别比排序图

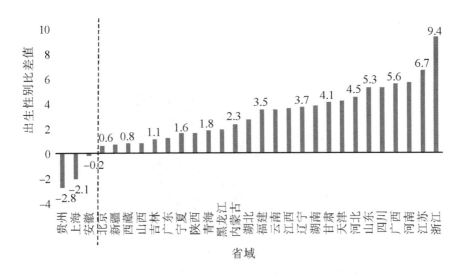

图 3.13　1981—1989 年各省域出生性别差值排序图

由图 3.11～图 3.13 可知，1989 年出生性别比失衡情况开始显著，高于国际公认正常值范围（103～107）的情况逐渐扩散，出生性别比偏高的地区多分布在东南沿海地区，如北京、天津、山东、江苏、浙江等，出生性别较低的地区为东北和西北地区，这些地区计划生育政策相对宽松，执行力度也较弱。出生性别比超过 107 的省域由 1981 年的 12 个增加为 24 个，占所有省域的77.4%，超过 110 的省域共有 15 个，这一数字是 1981 年的 4 倍多。

其中，出生性别比最高的是浙江省，达到了 117.1，8 年间增长了 9.4 个百分点居首位，比 1981 年最高值的安徽省高出 5.8 个百分点；增长第二的是江苏省，从 1981 年的 107.7 上升到了 114.4，增长了 6.7 个百分点。29 个省域中，有26 个省域为增长，只有贵州、上海和安徽的出生性别比分别减少了 2.8、2.1 和0.2 个百分点。最低值是西藏 104.6，比 1981 年最低的西藏高 0.8 个百分点。空间聚集方面，除去西部的青海、新疆、西藏、云南、贵州表现为低值集聚外，其余地区均表现出显著的高值集聚特点。与 1981 年相比，出生性别比失衡不再是部分地区出现的问题，而是向全国蔓延的全局性失衡问题。

1989 年，各省域的出生性别比的绝对差距极差达到了 14.4，较 1981 年扩大 2.5 个百分点，中位数为 109.9，平均值为 109.9，均超出出生性别比正常值域上限 2.9 个百分点，标准差也扩大为 3.63，表明省域之间的出生性别比差异有所扩大。2000 年全国 31 省域出生性别比的空间分布图、各省域出生性别比排序图，以及 1989—2000 年各省域出生性别差值排序图，如图 3.14、图

3.15 和图 3.16 所示。

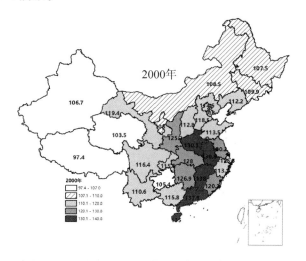

图 3.14　2000 年各省域出生性别比空间分位图

图片来源：国家地球系统科学数据中心。

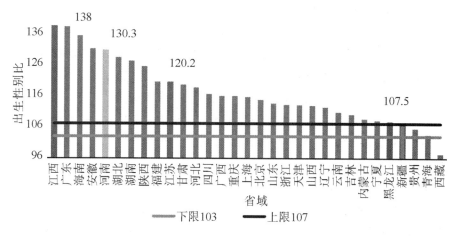

图 3.15　2000 年各省域出生性别比排序图

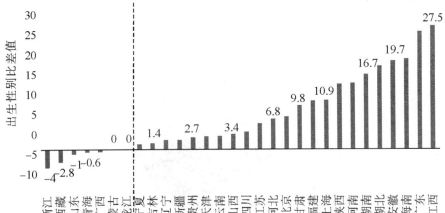

图 3.16　1989—2000 年各省省域出生性别差值排序图

由图 3.14～图 3.16 可知，2000 年出生性别比空间分布总体特征为：失衡的省域在地域上进一步扩散，出生性别比偏高的地区由东部和中部地区逐渐向中西部地区蔓延扩散；各省出生性别比失衡程度进一步加剧，重度失衡省域增多，中度失衡区域从东中部向内陆延伸。全国各省域出生性别比处于国际公认正常值范围区间的仅有青海、新疆、西藏、贵州四省域，其余省域均处于失衡状态，出生性别失衡省域达到了 27 个，比例高达 87.1%。

2000 年，我国 31 个内陆省域不仅失衡的范围进一步扩大，失衡的严重程度也在不断加剧。在 27 个出生性别比失衡的省域中，有 10 个省域的出生性别比高于 120，这些区域既有沿海发达省区，如江苏、福建和广东等，也包括中部地区和西部落后地区，如安徽、河南、湖北、湖南和西部的陕西等地，其中江西、广东、海南、安徽、河南 5 省的出生性别比更是高达 130 以上，属于极为严重的性别失衡。剩下的地区出生婴儿性别比虽然也高出正常值范围，但幅度较小，这些地区主要是西北、西南一些经济相对不太发达的省、区以及 4 个文化经济发达的直辖市。

比较而言，1989 年全国尚未出现任何一省域的出生性别比高于 120 的情况，仅仅过了 11 年，就有 32.3% 的省域出生性别比攀升到了 120 以上。其中，出生性别比增长较快的省域为江西、广东、海南、安徽、湖北、湖南、河南、陕西，分别增长了 27.5、26.2、20.1、19.7、18.6、16.7、14.7 和 14.5 个百分点。全国出生性别失衡最为严重的地区集中在河南、安徽、湖北、湖南和江西 5 个中部省域及广东、广西、陕西，这 8 个省域的出生性别比均高于 125，呈现出突出的高值集聚特征。此外，虽然所有出生性别比处于正常值范围的省域都集中在西部，但西部各省域的出生性别比也有了明显的升高，7 个西部省域的出生性别比高于 107，占到了西部省域的 58.3%。由此说明，1989—2000年，中国出生性别比的失衡情况进一步恶化，而且省域出生性别比之间的差异也愈发显著，2000 年，出生性别比的极差达到了 34.5 个百分点，不仅绝对差异显著增大，表征相对差异的标准差也达到了 9.44。

从 2000 年开始，人口普查的数据更为丰富，2000 年各省域分区域和分孩次的出生性别比如表 3.10 所示。

表 3.10 2000 年各省域不同区域、不同孩次出生性别比

省域	分区域			分孩次		
	城市	镇	乡村	一孩	二孩	三孩及以上
北京	116.8	109.1	110.9	112.5	130.3	159.4
天津	108.7	104.9	123.8	106.3	137.7	131.8
河北	113.3	116.5	119.8	104.4	147.3	148.4
山西	109.6	114.6	113.3	104.7	121.1	187.6
内蒙古	105.0	103.1	111.8	104.1	128.0	148.3
辽宁	107.7	112.2	115.3	106.4	136.3	133.6
吉林	110.7	112.7	108.6	107.1	122.5	172.7
黑龙江	108.7	110.0	106.0	106.0	115.2	164.5
上海	112.7	124.5	123.5	111.4	152.8	168.1
江苏	113.0	121.7	123.2	112.2	196.9	212.5
浙江	112.7	112.9	113.4	107.3	132.4	278.0
安徽	112.9	125.9	134.8	109.9	205.5	177.7
福建	113.5	116.9	123.7	108.9	157.7	250.9
江西	126.4	133.7	140.8	115.5	203.6	215.9
山东	110.8	116.1	114.0	106.3	132.8	207.4
河南	116.7	133.7	132.3	104.4	194.0	163.4
湖北	122.3	124.5	131.8	110.5	206.0	219.7
湖南	113.0	119.6	131.3	108.7	173.8	195.5

表3.10(续)

省域	分区域			分孩次		
	城市	镇	乡村	一孩	二孩	三孩及以上
广东	128.1	143.0	143.7	117.3	179.7	169.9
广西	122.7	137.0	128.3	109.8	160.6	185.1
海南	138.6	144.5	131.5	111.6	166.9	187.5
重庆	103.9	111.0	120.6	107.6	134.5	189.5
四川	111.2	108.6	118.8	109.5	133.7	189.9
贵州	106.7	114.4	104.1	88.2	122.5	141.8
云南	104.8	107.5	111.6	102.9	117.6	137.4
西藏	89.1	84.4	99.4	93.4	100.4	130.2
陕西	114.9	118.4	129.3	105.9	184.8	99.3
甘肃	111.3	116.6	121.2	101.1	157.7	223.1
青海	98.1	108.8	103.9	95.8	118.3	168.7
宁夏	102.9	98.4	110.4	103.2	119.4	109.0
新疆	105.9	108.0	106.7	105.4	104.5	107.1

由表3.10可知,对于2000年我国各省域出生性别比而言,除个别省域,如北京、天津、内蒙古、四川、西藏、宁夏之外,一般而言,乡村出生性别比高于镇出生性别比,镇出生性别比高于城市出生性别。除重庆、贵州、云南、西藏、青海、宁夏和新疆之外,其他省域的城市出生性别比都高于正常值,特别是海南、广东、江西、广西、湖北城市出生性别比失衡问题较严重,为重度失衡,海南达到了138.6,为极度失衡。山西、天津、黑龙江和辽宁出生性别比偏离程度较小,均在110以下,为轻度失衡。对于镇而言,海南、广东、广西、江西和河南的出生性别比均在130以上,为极度失衡,海南甚至达到了144.5,高于116.6的省域有13个。轻度失衡的省域为北京、青海、四川、新疆和云南;在正常值范围内的省域为天津和内蒙古,宁夏和西藏镇域的出生性别比则超出了正常值域的下降,分别为98.4和84.4。对于乡村而言,广东和江西两省的出生性别比则非常高,分别达到了143.7和140.8,安徽、河南、湖北、海南、湖南的则处于130~140,出生性别比极度失衡的省域显著较城市和镇域层面多,陕西、广西、天津、福建、上海、江苏、甘肃和重庆则处于重度失衡区间,吉林为轻度失衡,新疆、黑龙江、贵州和青海则为正常值范围,

除此之外，还有 10 个省域为重度失衡。

2000 年，除个别省域，如陕西是二孩出生性别比显著高于一孩和三孩，三孩性别比较低，以及个别省域，如河南、安徽、宁夏、广东、天津、辽宁二孩出生性别比高于三孩之外，对于各省域分孩次的出生性别比而言，与前面全国分孩次整体特征一致。大多数省域呈现出随着孩次增加，出生性别比激增的趋势，三孩及以上的出生性别比显著大于二孩出生性别比，二孩出生性别比显著大于一孩出生性别比。其中，对于一孩出生性别比而言，最高的省域是广东，达到了 117.3，为中度失衡的省域为湖北、上海、海南、江苏、北京和江西等，轻度失衡的省域有 8 个，其余 16 个省域均在正常值范围或低于正常值域下限。对于二孩出生性别比，各省域则陡升，出生性别比平均值达到了148.2，其中最高的省域是湖北，达到了 206.0，其次是安徽、江西、江苏和河南等省域，分别达到了 205.5、203.6、196.9 和 194，极度失衡的省域为 21个，重度失衡的省域有 4 个，只有新疆处于正常值范围之内。对于三孩及以上出生性别比而言，出生性别比失衡情况更为严重，浙江和福建甚至达到了 278和 250.9，紧随其后的甘肃、湖北、江西、江苏和山东等省也都在 200 以上。除过新疆和西藏之外，全国 31 个省域中有 28 个省域均为重度失衡。

2010 年全国 31 省域出生性别比的空间分布图、各省域出生性别比排序图，以及 2010—2000 年各省域出生性别差值排序图，如图 3.17、图 3.18 和图3.19 所示。

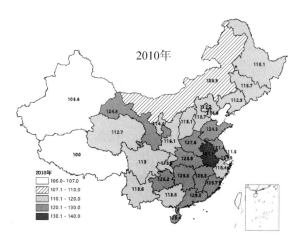

图 3.17　2010 年各省域出生性别比空间分位图

图片来源：国家地球系统科学数据中心。

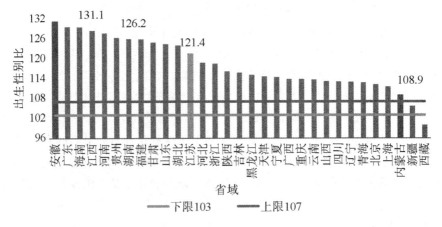

图 3.18　2010 年各省域出生性别比排序图

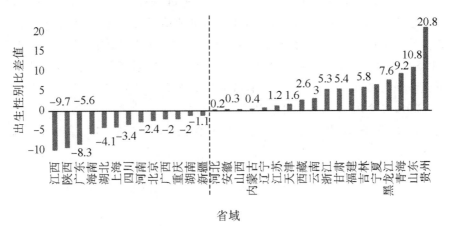

图 3.19　2010—2000 年各省域出生性别差值排序图

由图 3.17~图 3.19 可知，2010 年我国仍然是除了新疆和西藏外，其他所有省域的出生性别比都高于正常值范围。全国绝大多数的省域出生性别比失衡，超过 95% 的出生人口生在出生性别比失衡的地区，特别是中部省域性别比偏高，且有继续升高的趋势。出生性别比严重偏高和极端严重偏高的省域增多。2010 年出生性别比最高的是安徽省的 131.1，也是全国唯一一个出生性别比高于 130 的省域，属于极度失衡，该省的人口占全国人口的 4.46%。高于 120 低于 130 省域有 11 个，占所有省域的 35.5%，出生人口占全国总人口的 51.9%。出生性别比在 115~120 的省域有 5 个，占全国总人口的 17.2%，出生性别比在 110~115，属于中低度偏高的省域有 10 个，占全国总人口的 22.67%，属于中度失衡。出生性别比在 107~110 的省域只有内蒙古，该自治区人口总数占全国人口数的 1.9%。

在空间分布上，2010 年的出生性别比也表现出了非常明显的空间集聚特点，总体上呈"片状分布"特征。出生性别比高的省域，其周围的省域也高；反之，出生性别比较低的省域，其周围的省域也比较低，"高—高、低—低"的同质性集聚特征较为明显。我国依旧是东部和中部地区的出生性别比大大高于西部和东北地区，东部和中部表现出突出"高—高"集聚的正向集聚特征。出生性别比的集聚分布特征可能与生育观念、生育文化的传播有关。虽然"重男轻女"的性别歧视文化在中国各个地方都存在，但是不同地方的程度有所不同。一个区域的文化可以通过人口迁移流动直接传播到周围的地区，从而对周围的区域产生影响（梁海艳和倪超，2018）。

从 20 世纪 80 年代开始，经过 30 余年的发展，我国各省域出生性别比失衡已经蔓延到了全国的绝大部分地区，中度及重度失衡的省域数仍在递增。2000—2010 年，全国及各省域出生性别比普遍偏高，主要集中于中南地区及其相邻省域，东部地区的出生性别比高于西部，从沿海逐步向内地扩散。1981 年，全国仅有 1 个省域中度失衡，9 个省域轻度失衡，19 个省域完全处于正常水平；至 2010 年，仅有西藏、新疆 2 个自治区处于正常水平，16 个省域为重度和极度失衡。其中，贵州的出生性别比上升幅度最大，10 年间升高了 20.8 个百分点，达到了 126.2，进入重度失衡。其次是山东，升高了 10.8 个百分点，达到 124.3。出身性别比上升的省域有 18 个，多于 13 个下降的省域。其中，江西降幅较大，从 138 降低到 128.3，减少了 9.7 个百分点；其次是陕西，从 125.2 降低到 116.1，减少了 9.1 个百分点；降幅排在第三的是广东，从 137.8 降低到 129.5，减少了 8.3 个百分点。与 2000 年相比，出生性别比极度失衡的范围明显缩小，但重度失衡的情况扩散十分显著，而且地区差异也很明显，出生性别比最高的安徽省要比最低的西藏高出 25.7 个百分点，标准差较 2000 年略有减少，为 7.83。2010 年各省域分区域和分孩次的出生性别比，如表 3.11 所示。

表 3.11　2010 年各省域不同区域、不同孩次出生性别比

省域	分区域			分孩次		
	城市	镇	乡村	一孩	二孩	三孩及以上
北京	111.5	127.3	109.7	107.3	137.6	280.5
天津	115.0	115.7	113.1	111.8	119.8	186.0
河北	114.2	121.7	118.8	109.0	128.8	180.7

表3.11(续)

省域	分区域			分孩次		
	城市	镇	乡村	一孩	二孩	三孩及以上
山西	112.6	116.9	111.8	112.5	107.9	173.4
内蒙古	104.9	106.1	113.4	107.3	109.8	155.0
辽宁	110.2	114.3	115.4	110.5	116.6	196.0
吉林	109.8	119.5	117.9	116.5	109.2	161.0
黑龙江	113.8	111.0	117.3	115.8	111.9	118.5
上海	112.5	114.1	100.9	106.4	128.4	197.5
江苏	118.0	124.6	122.7	114.8	135.0	151.2
浙江	116.1	119.7	120.3	109.7	132.0	192.2
安徽	116.7	126.2	136.9	113.0	168.3	250.0
福建	125.1	122.6	127.8	112.7	148.8	247.9
江西	121.3	126.9	130.5	113.9	139.3	162.6
山东	116.5	128.2	127.0	113.4	144.8	238.4
河南	119.7	132.0	128.8	118.1	133.2	177.1
湖北	125.4	122.7	123.6	115.0	144.2	156.2
湖南	118.4	127.7	127.4	119.8	127.9	178.3
广东	131.3	128.4	127.4	122.3	138.7	150.1
广西	122.5	128.4	119.8	114.6	128.4	141.6
海南	125.1	138.1	128.1	117.2	129.9	204.8
重庆	111.2	110.1	117.5	111.9	112.3	145.1
四川	114.2	111.8	113.0	113.7	109.0	123.4
贵州	121.7	130.3	126.1	109.4	146.9	171.2
云南	108.6	115.0	114.0	108.9	116.5	137.2
西藏	106.9	120.0	96.4	107.8	96.6	91.6
陕西	112.2	117.0	117.3	114.4	116.9	146.7
甘肃	120.6	133.4	124.4	118.2	131.8	149.3
青海	112.0	113.6	112.6	107.9	115.5	127.4
宁夏	112.7	114.1	115.2	107.3	121.5	131.5
新疆	107.8	104.0	105.2	106.2	103.4	108.0

　　根据第六次人口普查数据，分城乡和孩次出生性别比表现出了与以往不同的发展态势。由表3.11可知，我国城市和镇出生性别比与2000年相比，均有不同程度的上升，而乡村出生性别比略有下降。与我国出生性别比在时间上的

不断攀升相伴随的，是其在空间上的不断扩散。从失衡程度的演变过程来看，总体上来说在1981—2010年30年间，我国出生性别比的失衡程度日益严重，轻度失衡省域占比逐渐下降，而重度失衡的省域比例却在不断上升，出生性别比失衡现象在全国迅速扩散，从以农村人口为主的省域逐渐扩散到大城市和特大城市。

对于2010年我国各省域出生性别比而言，除个别省域，如北京、天津、上海、广东、西藏、新疆等之外，总体上，乡村出生性别比高于镇出生性别比，镇出生性别比高于城市出生性别，出生性别比偏高的现象有从农村向城市扩散的迹象。除西藏和内蒙古之外，其他省域的城市出生性别比都高于正常值，特别是广东、湖南、福建、海南、广西、贵州、江西、甘肃、河南、湖南、广东等省域出生性别比偏高问题较严重，广州甚至达到了131.3，吉林和云南出生性别比偏离程度较小，均在110以下。对于镇而言，海南、甘肃、河南和贵州处于严重失衡，均达到130以上，高于全国镇出生性别比的平均值122.8的省有12个，内蒙古和新疆镇的出生性别比正常。2010年各省域的乡村出生性别比中，安徽和江西两省乡村出生性别比在130以上，除了北京、上海、新疆及西藏以外的其余省域均位于110~120。

2010年，对于各省域分孩次的出生性别比而言，与前面全国分孩次整体特征一致，呈现出随着孩次增加，出生性别比激增的趋势，三孩及以上的出生性别比显著大于二孩出生性别比，二孩出生性别比大于一孩出生性别比，除山西、吉林、四川、西藏、新疆之外，大多数省域呈现这一规律。其中西藏自治区较为特殊，呈现出不一致的趋势，一孩出生性别比略微偏离正常值范围，二孩、三孩及以上出生性别比则显著低于正常值范围。对于三孩及以上出生性别比而言，北京达到了280.5、安徽为250.0、福建为247.9、山东为238.4，偏离程度极高。

2010年"六普"的一孩出生性别比，表明我国一孩出生性别比失衡的出现不是一时一地的偶然现象，而具有一定的普遍性，即我国的出生性别比失衡出现了比以往更为复杂的局面。一孩出生性别比失衡意味着有更多的人在生育周期的起点处就有了选择孩子性别的行为，而这种选择超出了我们以往对出生性别比失衡的一般性认知，即认为性别选择行为基本会集中在二孩及以上的孩次上。这种具有高度趋同性的一孩出生性别比失衡，表明中国的生育转变已进入一个新的历史阶段，社会影响因素的作用强于政策性因素的生育动力格局正在逐步形成（石雅茗和刘爽，2015）。2015年全国31个省域出生性别比的空间分布图、各省域出生性别比排序图，以及2015—2010年各省域出生性别差值排序图，如图3.20、图3.21和图3.22所示。

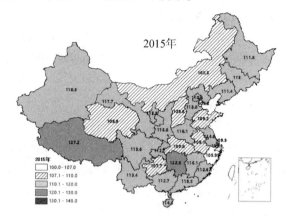

图3.20　2015年各省域出生性别比空间分位图

图片来源：国家地球系统科学数据中心。

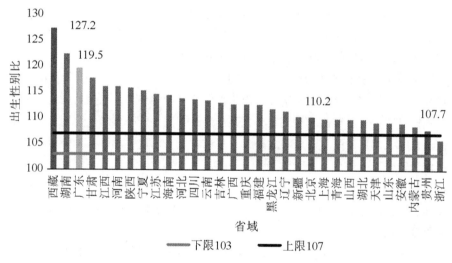

图3.21　2015年各省域出生性别比排序图

中国人口出生性别比及其影响因素的时空异质性研究

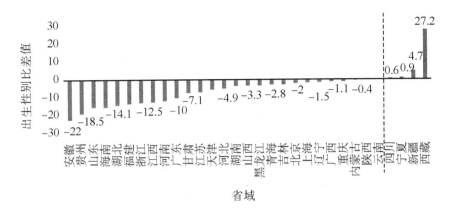

图 3.22 2015—2010 年各省域出生性别差值比排序图

由图 3.20~图 3.22 可知,较 2010 年,2015 年显著的特点是:各省域出生性别比全面回落,除西藏大幅攀升了 27.2 个百分点,新疆升高了 4.7 个百分点,宁夏、四川略升之外,其余 27 个内陆省域出生性别比均呈回落之势。其中,安徽、贵州、山东、海南、湖北、福建、浙江、江西、河南和广东等省域显著回落,下降幅度达到了 10~22 个百分点,安徽下降得最多,下降了 22 个百分点。之前一直保持出生性别比最低的西藏,在 2010—2015 年,一跃成为出生性别比最高的省域,达到了 127.2,增长了 27.2 个百分点,值得重点关注。其次出生性别比较高的省域还是湖南,为 122.3。

但是,2015 年,我国 31 个内陆省域中,依旧有 30 个省域出生性别比偏高,其中 9 个省域为轻度失衡,19 个省域为中度失衡,重度失衡的省域大幅减少只有 2 个,出生性别比偏高的趋势得到了有效遏制。2015 年各省域不同区域、不同孩次及 2010—2015 年出生性别比差值,如表 3.12 所示。

表 3.12 2015 年各省域不同区域、不同孩次及 2010—2015 年出生性别比差值

	2015 年分区域			2015 年分孩次			2010—2015 年分区域差值			2010—2015 年分孩次差值		
	城市	镇	乡村	一孩	二孩	三孩及以上	城市	镇	乡村	一孩	二孩	三孩及以上
北京	113.4	80.9	105.0	109.2	110.4	148.5	1.9	-46.4	-4.7	1.9	-27.2	-132.0
天津	110.6	110.4	104.1	114.7	95.9	190.0	-4.4	-5.3	-9.0	2.9	-23.9	4.0
河北	105.5	112.8	117.5	107.3	115.5	150.0	-8.7	-8.9	-1.3	-1.8	-13.3	-30.7
山西	106.7	111.7	110.7	107.3	107.6	165.4	-5.9	-5.2	-1.1	-5.2	-0.3	-8.0
内蒙古	103.8	111.1	111.2	106.2	105.2	177.0	-1.1	5.0	-2.2	-1.1	-4.6	22.0
辽宁	110.2	130.0	106.0	113.5	105.6	318.8	0.0	15.7	-9.4	3.0	-11.0	122.8
吉林	103.3	146.2	107.9	112.8	111.0	122.7	-6.5	26.7	-10.0	-3.7	1.8	-38.3
黑龙江	107.1	101.5	123.0	110.9	111.2	157.1	-6.7	-9.5	5.7	-4.9	-0.7	38.6

	2015 年分区域			2015 年分孩次			2010—2015 年分区域差值			2010—2015 年分孩次差值		
	城市	镇	乡村	一孩	二孩	三孩及以上	城市	镇	乡村	一孩	二孩	三孩及以上
上海	106.9	129.2	108.1	105.1	120.2	250.0	-5.6	15.1	7.2	-1.3	-8.2	52.5
江苏	113.2	114.2	116.8	117.3	107.9	161.5	-4.8	-10.4	-5.9	2.5	-27.1	10.3
浙江	104.3	107.9	106.8	99.0	110.7	155.7	-11.8	-11.8	-13.5	-10.7	-21.3	-36.5
安徽	110.3	109.0	108.9	111.2	101.1	200.0	-6.4	-17.2	-28.0	-1.8	-67.2	-50.0
福建	114.1	114.1	110.3	101.8	117.1	179.9	-11.0	-8.5	-17.5	-10.9	-31.7	-68.0
江西	111.2	116.4	117.6	106.1	116.3	241.9	-10.1	-10.5	-12.9	-7.8	-23.0	79.3
山东	102.9	116.2	109.6	100.1	112.1	163.6	-13.6	-12.0	-17.4	-13.3	-32.7	-74.8
河南	109.9	119.5	116.7	115.3	112.3	215.3	-9.8	-12.5	-12.1	-2.8	-20.9	38.1
湖北	108.9	111.3	109.8	102.0	121.5	141.1	-16.5	-11.4	-13.8	-13.0	-22.7	-15.1
湖南	113.9	127.1	123.4	124.6	116.7	173.4	-4.5	-0.6	-4.0	4.8	-11.2	-4.9
广东	117.5	118.6	123.1	115.8	120.2	146.5	-13.8	-9.8	-4.3	-6.5	-18.5	-3.6
广西	123.2	118.1	119.8	116.5	115.5	134.6	0.7	-10.3	0.0	1.9	-12.9	-7.0
海南	112.6	107.7	118.8	100.3	114.9	149.1	-12.5	-30.4	-9.3	-16.9	-15.0	-55.7
重庆	113.4	106.5	116.3	109.2	117.6	197.1	2.2	-3.6	-1.2	-2.7	5.3	52.0
四川	102.6	108.7	121.8	112.2	118.0	120.4	-11.6	-3.1	8.8	-1.5	9.0	-3.0
贵州	94.8	110.1	110.6	96.2	116.7	104.7	-26.9	-20.2	-15.5	-13.2	-30.2	-66.5
云南	106.4	119.1	113.3	110.3	112.7	152.9	-2.2	4.1	-0.7	1.4	-3.8	15.7
西藏	124.2	154.8	124.5	111.5	145.4	138.0	17.3	34.8	28.1	3.7	48.8	46.4
陕西	112.4	122.5	113.6	119.8	107.0	128.8	0.2	5.5	-3.7	5.4	-9.9	-17.9
甘肃	125.9	118.8	115.2	113.6	114.5	157.9	5.3	-14.6	-9.2	-4.6	-17.3	8.6
青海	88.4	115.3	115.8	102.2	111.3	162.7	-23.6	1.7	3.2	-5.7	-4.2	35.3
宁夏	136.7	121.0	103.2	111.5	112.6	137.0	24.0	6.9	-12.0	4.2	-8.9	5.5
新疆	111.7	110.0	110.0	109.3	106.4	139.1	3.9	6.0	4.8	3.1	3.0	31.1

由表3.12可知，对于2015年我国各省域分区域出生性别比而言，出生性别比偏高趋势得到了有效遏制，各省之间发生了较大的分化，不再是一致的乡村大于城镇，镇大于城市。其中，有9个省域出现城市出生性别比大于乡村出生性别比的现象，如宁夏的特点是城市出生性别比为136.7，镇出生性别比为121，显著大于乡村出生性别比103.2；还有如吉林、西藏、辽宁和上海等省域，它们镇出生性别比最高，分别达到了146.2、154.8、130和129.2，其城市和乡村出生性别比则较接近。镇出生性别比大于乡村的省域有17个。

城市出生性别比失衡程度为极度和重度程度的省域有宁夏、甘肃、西藏和广西，中度失衡的省域有13个，轻度失衡的省域有3个，其余11个省域多在正常值范围之内或低于正常值域下限，最低的是青海省只有88.4。需要对宁夏和西藏重点关注，它们二者的城市出生性别比2010年分别增长了24和17.3

个百分点，增长迅速。与之相对的是，山东、广东、湖北、青海和贵州等省域，城市出生性别比下降幅度较大，分别下降了26.9、23.6、16.6、13.8和13.6个百分点。

对于镇出生性别比而言，西藏和吉林值得特别关注，它们二者分别达到了154.8和146.2，较2010年分别增长了34.8和26.7个百分点；辽宁、上海、湖南、陕西和宁夏镇出生性别比为重度失衡，中度失衡的省域有17个，轻度失衡的省域有5个；镇出生性别比较2010年出现显著回落的省域为北京、海南和贵州，分别回落了46.4、30.4和20.2，基本回落到正常值范围之内或轻度失衡。

对于乡村出生性别比而言，居首位处于重度失衡的省域有西藏、湖南、广东、黑龙江和四川，出生性别比分别为124.5、123.4、123.1、123和121.8，处于中度和轻度失衡的省域分别为15个和6个。其中，较2010年，西藏上升幅度最大，上升了28.1个百分点，达到了124.5，上升的省域只有6个，大部分省域均回落，下降较快的省域有安徽、福建、山东和贵州，分别下降了28、17.5、17.4和15.5个百分点。

2015年，对于各省域分孩次的出生性别比而言，除个别省域发生分化之外，如西藏是二孩出生性别比最高，广西、内蒙古、吉林、新疆、河南、湖南、辽宁、江苏、安徽、陕西和天津等为一孩出生性别大于二孩出生性别比之外，与前面全国分孩次整体特征也基本一致。大多数省域呈现出随着孩次增加，出生性别比增大的趋势，三孩及以上的出生性别比显著大于二孩出生性别比，二孩出生性别比大于一孩出生性别比，除山西、吉林、四川、西藏、新疆之外，大多数省域呈现这一规律。对于一孩出生性别比而言，湖南最高达到了124.6，为重度失衡，中度和轻度失衡的省域分别为15个和5个。较2010年，有20个省域的一孩出生性别比回落，其中海南、山东、贵州、湖北、福建和浙江下降显著，分别下降了16.9、13.3、13.2、13、10.9和10.7个百分点，均低于正常值范围下限；11个省域的一孩出生性别比小幅增长，其中升幅较大的省域为陕西、湖南和宁夏，分别上升了5.4、4.8和4.2个百分点。

对于二孩出生性别比而言，西藏最高达到了145.4，为极度失衡，重度失衡的省域为湖北、广东和上海，分别达到了121.5、120.2和120.2，中度和轻度失衡的省域分别为19个和6个。较2010年，有26个省域的一孩出生性别比回落，其中安徽、山东、福建、贵州、北京和江苏等省域下降显著，分别下降了67.2、32.7、31.7、30.2、27.2和27.1个百分点；只有5个省域的一孩出生性别比增长，其中升幅最大的省域为西藏，上升了48.8个百分点。

对于三孩及以上出生性别比而言，辽宁最高达到了318.8，出生性别比在200以上的省域还有上海、江西、河南和安徽，各自的三孩出生性别比分别为250、241.9、215.2和200，全国平均值达到了167.1，只有贵州省的三孩出生性别比在正常值范围之内，其余所有省域都在120以上。较2010年，有16个省域的三孩出生性别比回落，其中北京、山东、福建、贵州和海南等下降显著，分别下降了132、74.8、68、66.5和55.7个百分点；15个省域的三孩出生性别比增长，其中升幅较大的省域为辽宁、江西、上海、重庆和西藏，分别上升了122.8、79.3、52.5、52和46.4个百分点，显著高于一孩和二孩的出生性别比。

2. 我国各省域出生性别比空间集聚性

我国出生性别比长期偏高的累积效应已经开始全面显现，出生性别比偏高不仅在时间维度上具有累积性，在空间维度上也具有辐射效应。作为一个开放的人口和社会系统，某个人口子系统的出生性别比持续偏高，可能对邻近区域产生影响（吴帆，2018）。在本书第3章对出生性别比的空间分布特征分析中，可以看到我国出生性别比的分布具有一定的空间集聚特征，为进一步确认中国出生性别比在空间上的集聚效应是否显著，本节利用全局 Moran'I 指数、Moran 散点图和 LISA 集聚图，分别对全域空间自相关性和局域空间自相关性进行检验。

基于各普查年份的出生性别比，计算得到各年出生性别比的全局 Moran'I 指数，其中以各省域的质心坐标为 X、Y 值，空间权重矩阵的构造采用欧式距离，结果如表 3.13 所示。

表 3.13 出生性别比全局空间自相关检验结果

年份	Moran'sI	z 统计量	P 值
1981	0.304 4	3.809 3	0.001 0***
1989	0.204 2	2.768 3	0.008 0***
1990	0.244 6	3.102 5	0.002 8***
2000	0.283 8	3.670 6	0.002 0***
2005	0.323 9	4.042 6	0.001 1***
2010	0.373 1	4.625 1	0.001 0***
2015	0.384 9	5.623 8	0.000 5***

注：结果由 Geoda1.10 计算完成；***、**、* 分别表示为1%、5%和10%显著性水平下显著。

表 3.13 结果显示,1981—2010 年我国各普查年份出生性别比的 Moran I 指数均为正,且通过了显著性检验,表明中国各省域的出生性别比在空间上并非是随机分布的,而是具有显著的正相关关系,也就是说出生性别比的高值与高值、低值与低值会在空间上表现出明显的空间集聚特征。出生性别比的 Moran I 指数,呈现出先降后升的"U"形走势,在 2015 年达到最大值,说明出生性别比的正向空间集聚效应在 1989 年最低点之后逐渐增强,各省域间正向相互作用关系日益显著。

3. 我国各省域出生性别比的空间结构

全域空间自相关检验证明了中国出生性别比存在正向空间自相关关系,但这只是对整体情况的分析,不能观察到出生性别比空间分布的局部特性,无法知晓哪些区域存在高值(低值)集聚的现象,下面利用局域空间自相关常用的 Moran 散点图和 LISA 集聚图,解析中国出生性别比在空间分布上的局部空间结构特征。见图 3.23。

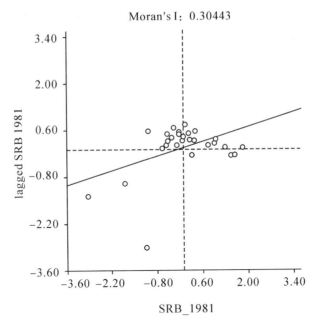

图 3.23 (a)　1981 年出生性别比 Moran 散点图

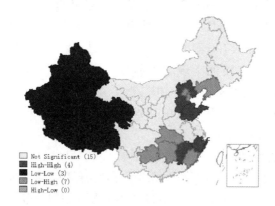

图 3.23（b）　1981 年出生性别比 LISA 集聚图

图片来源：国家地球系统科学数据中心。

　　从图 3.23（a）1981 年出生性别比 Moran 散点图可知，大部分省域集中在第一、第三象限，少部分出现在第二象限，即 1981 年中国出生性别比多表现为"高—高"集聚与"低—低"集聚，少部分出生人口性别较低的省域被周围出生性别比高值省域包围，不存在高值被低值包围的情况。具体而言，LISA 集聚图显示，有 4 个省域出生性别比属于"高—高"集聚，分别是河北、山东、江西、浙江，出生性别比呈现"低—低"集聚的新疆、西藏、青海全部集中在西部，辽宁、北京、天津、湖北、湖南、贵州、福建的出生性别比则属于"低—高"集聚的空间结构。

　　从图 3.24（a）中的 Moran 散点图可知，与 1981 年类似，中国各省域的出生性别比不存在"高—低"集聚的空间结构。山东、江苏、湖南、江西表现为"高—高"集聚。"低—低"集聚和"低—高"的省域相比 1981 年分别减少为 1 个（西藏）和 3 个（湖北、贵州、福建）。

Moran's I: 0.204245

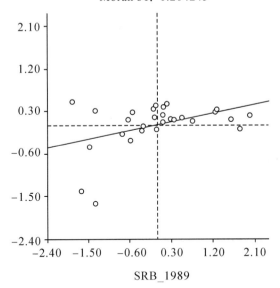

SRB_1989

图 3.24 （a） 1989 年出生性别比 Moran 散点图

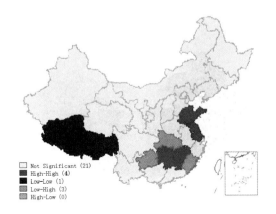

图 3.24 （b） 1989 年出生性别比 LISA 集聚图

图片来源：国家地球系统科学数据中心。

从图 3.25 中可知，2000 年各省域出生性别比在空间上的集聚性与 1981 年和 1989 年相比明显增强，"高—高"集聚的省域增加为 7 个，分别是陕西、湖北、湖南、广西、江西、福建、江苏，"低—高"集聚的省域增加为 5 个，分别是山西、山东、江苏、云南、贵州，"低—低"集聚的省域仍然集中在西部。

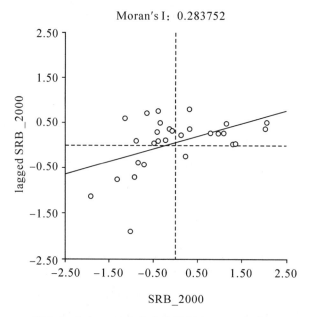

图 3.25 (a)　2000 年出生性别比 Moran 散点图

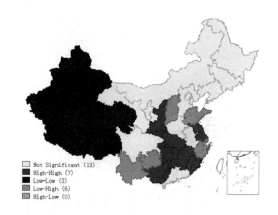

图 3.25 (b)　2000 年出生性别比 LISA 集聚图

图片来源：国家地球系统科学数据中心。

从图 3.26 中可知，2010 年出生性别比呈现"高—高"集聚空间特征的省域进一步增多，分别是江苏、浙江、福建、江西、湖南、湖北、贵州、广西、广东，反映出中国出生性别比偏高在空间上的扩散性，"低—低"集聚的省域新增了吉林，表现为"低—高"集聚的则为陕西、四川、云南、上海。

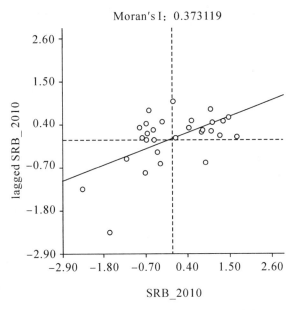

图 3. 26 (a)　　2010 年出生性别比 Moran 散点图

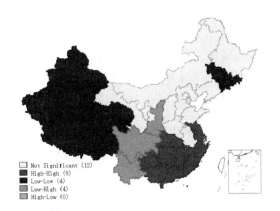

図 3. 26 (b)　　2010 年出生性别比 LISA 集聚图

图片来源：国家地球系统科学数据中心。

　　按照空间集聚特征的分类，各个省域出生性别比空间集聚特征在时间上的变化，如表 3. 14 所示。

表 3.14　1981—2010 年出生性别比空间结构

年份	高—高	低—低	低—高	高—低
1981 年	河北、山东、江西、浙江	新疆、西藏、青海	辽宁、北京、天津、湖北、湖南、贵州、福建	无
1989 年	山东、江苏、湖南、江西	西藏	湖北、贵州、福建	无
2000 年	陕西、湖北、湖南、广西、江西、福建、江苏	新疆、西藏、青海	山西、山东、江苏、云南、贵州	无
2010 年	江苏、浙江、福建、江西、湖南、湖北、贵州、广西、广东	新疆、西藏、青海、吉林	陕西、四川、云南、上海	无

由表 3.14 可知，1981 年以来，中国各省域出生性别比呈现显著"高—高"集聚空间特征的省域逐渐增加，表明我国各省域出生性别比在 1981—2010 年 30 年间，已经从东中部地区个别省域偏高进一步扩散蔓延；呈现显著"低—低"集聚空间特征的省域略有变化，其中江西和贵州的变化趋势需要重点关注。江西的出生性别比在 1981—2010 年的四个普查年份中均表现为"高—高"集聚的空间结构，不仅说明江西自身出生性别比长期偏高，还反映出其周边省域也存在出生性别比异常的情况，是治理出生性别比偏高需要重点关注的省域。

3.3.3　中国省域出生性别比的空间变化

1981—2015 年中国各省域出生性别比空间变化，如表 3.15、图 3.27 所示。

表 3.15　1981—2015 年中国各省域出生性别比空间变化

类型	值域范围	1981 （29 个省域）	1989 （30 省域）	2000 （31 省域）	2010 （30 省域）	2015 （30 省域）
轻度偏低	小于 103	西藏、青海	西藏、贵州	西藏	西藏	
正常	[103~107]	新疆、云南、宁夏、贵州、甘肃、黑龙江、天津、福建、内蒙古、辽宁、湖南、北京、上海、湖北、江西	青海 新疆 上海 宁夏	青海 贵州 新疆	新疆	浙江
轻度失衡	(107~110]	河北、四川、吉林、江苏、浙江、山西、陕西、山东、河南	北京、黑龙江、云南、内蒙古、吉林、湖北、山西、福建、甘肃	黑龙江 宁夏 内蒙古 吉林	内蒙古	贵州、内蒙古、安徽、天津、山东、山西、湖北、上海、青海

表3.15(续)

类型	值域范围	1981 (29个省域)	1989 (30个省域)	2000 (31个省域)	2010 (30个省域)	2015 (30个省域)
中度失衡	[111~120]	广东、广西、安徽	天津、辽宁、湖南、江西、陕西、安徽、广东、河北、四川、江苏、山东、海南、河南、广西、浙江	云南、辽宁、山西、天津、浙江、山东、北京、上海、广西、重庆、四川、河北、甘肃	上海、北京、青海、辽宁、四川、山西、云南、广西、重庆、宁夏、天津、黑龙江、吉林、陕西、浙江、河北	北京、新疆、辽宁、黑龙江、福建、广西、重庆、吉林、云南、四川、河北、海南、江苏、宁夏、陕西、河南、江西、甘肃、广东
重度失衡	[121~130]	——	——	江苏、福建、陕西、湖南、湖北	江苏、湖北、山东、甘肃、福建、湖南、贵州、河南、江西、海南、广东	湖南、西藏
极度失衡	大于130	——	——	河南、安徽、海南、广东、江西	安徽	——

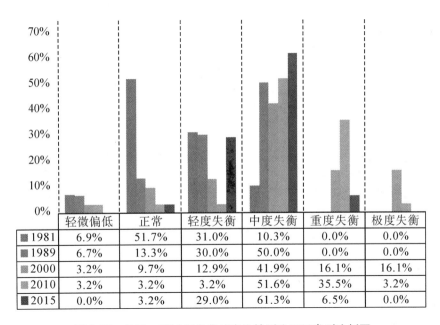

	轻微偏低	正常	轻度失衡	中度失衡	重度失衡	极度失衡
1981	6.9%	51.7%	31.0%	10.3%	0.0%	0.0%
1989	6.7%	13.3%	30.0%	50.0%	0.0%	0.0%
2000	3.2%	9.7%	12.9%	41.9%	16.1%	16.1%
2010	3.2%	3.2%	3.2%	51.6%	35.5%	3.2%
2015	0.0%	3.2%	29.0%	61.3%	6.5%	0.0%

图 3.27　1981—2015 年各省域出生性别比不同类型比例图

由表 3.15 和图 3.27 可知，1981—2015 年间，我国各省域的出生性别比中，西藏在 1981—2010 年 30 年间始终轻微低于正常值范围。在正常值范围之内的省域 1981 年时有 15 个，但是 1989 年就锐减为 4 个，之后逐渐减少为只有 1 个，2015 年浙江回落到正常值范围；轻度失衡的省域数量则呈"U"形变动，其中，2010 年最少只有内蒙古一个省域，2015 年全国各省出生性别比偏高的状况显著缓解，轻度失衡的省域比率接近 20 世纪 80 年代水平。中度失衡在 1981 年时还很少，1985—2015 年占比在 50% 左右，其中个别省域需要重点关注，如 2000 年青海（103.5）和贵州（105.4）出生性别比均为正常水平，但是 2010 年贵州已经处于严重偏高状态，青海则处于中度偏高状态。重度失衡和极度失衡的省域数量则呈倒"U"形走势，其中 2000—2010 年是我国出生性别比失衡状况较为突出的一个阶段。

3.3.4 中国省域出生性别比升高的贡献率分析

出生性别比升高贡献率分析，是指分因素分析出生性别比升高程度在总体升高程度中占有的份额，它既受分因素出生性别比水平的影响，也受分因素分性别出生人口规模的影响。分因素是指在某个研究范畴中具有相同性质且互相独立的一组因素。将 $r_n(t)$ 记录为 t 年度 n 因素的贡献率，$w_n(t)$ 为 t 年度 n 因素的女婴出生人数，$m_n(t)$ 为 t 年度 n 因素的男婴出生人数，因此计算 t 年度某因素的出生性别比贡献率公式为：

$$r_n(t) = \frac{w_n(t)}{\sum w_n(t)} \cdot \frac{\dfrac{m_n(t)}{w_n(t)} - 1.07}{\dfrac{\sum m_n(t)}{\sum w_n(t)} - 1.07} \times 100\% \tag{3-3}$$

式（3-3）中，$\dfrac{\sum m_n(t)}{\sum w_n(t)} - 1.07$ 为总体出生性别比升高的幅度，$\dfrac{m_n(t)}{w_n(t)} - 1.07$ 为分因素出生性别比升高的幅度，两者之比反映了分因素升高对总体升高的相对水平。$\dfrac{w_n(t)}{\sum w_n(t)}$ 为分因素出生女婴占总体出生女婴的比例，以此作为权数，则计算出的 $r_n(t)$ 为 n 因素出生性别比升高对总体升高的贡献率。此公式的变量 n 可以取自不同研究范畴，可以作为赋予任何意义的变量（蔡菲，2007）。

1. 出生性别比偏高的省域贡献率

首先，以各省域的出生性别比作为分因素变量，衡量各省域对出生性别比偏高的作用程度大小级差异。各省域的贡献率指的是各省域出生性别比升高程度在全国升高中所占份额。各省域的出生性别比从 1981 年到 2010 年期间均有增长，由于不同省域自身的出生性别比水平及出生人口的规模不同，它们对全国出生性别比增长的贡献率大小各异。

设省域 i 的出生女孩数量为 f_i，出生男孩数量为 m_i，式（3-3）简化为下式，省域 i 对全国出生性别比偏高的贡献率 r_i 可表示为：

$$r_i = (m_i - 1.07 f_i)/(m - 1.07 f) \times 100\% \tag{3-4}$$

2000 年各省域对我国分省域出生性别比及贡献率，如表 3.16 所示。

表 3.15　2000 年各省域人口、性别比及贡献率

地区	出生人数				贡献率（%）	排名
	合计	男	女	性别比		
河南	103 658	58 648	45 010	130.3	15.1	1
广东	76 678	44 428	32 250	137.8	14.3	2
安徽	59 759	33 862	25 897	130.8	8.9	3
江西	43 944	25 481	18 463	138.0	8.2	4
湖南	54 294	30 367	23 927	126.9	6.9	5
广西	47 979	27 009	20 970	128.8	6.6	6
湖北	38 608	21 676	16 932	128.0	5.1	7
河北	65 431	35 480	29 951	118.5	4.9	8
江苏	52 059	28 416	23 643	120.2	4.5	9
四川	68 293	36 730	31 563	116.4	4.3	10
山东	88 292	46 936	41 356	113.5	3.9	11
陕西	28 713	15 960	12 753	125.2	3.3	12
福建	30 193	16 485	13 708	120.3	2.6	13
甘肃	26 350	14 337	12 013	119.4	2.1	14
浙江	40 522	21 507	19 015	113.1	1.7	15
云南	66 650	34 998	31 652	110.6	1.6	16
海南	8 788	5 049	3 739	135	1.5	17
山西	36 235	19 203	17 032	112.8	1.4	18
重庆	22 538	12 094	10 444	115.8	1.3	19
辽宁	31 811	16 818	14 993	112.2	1.1	20
上海	8 349	4 475	3 874	115.5	0.5	21
北京	7 564	4 039	3 525	114.6	0.4	22
吉林	17 260	9 036	8 224	109.9	0.3	23
天津	6 487	3 441	3 046	113.0	0.3	24
内蒙古	21 265	11 065	10 200	108.5	0.2	25

表3.15(续)

地区	出生人数				贡献率（%）	排名
	合计	男	女	性别比		
黑龙江	24 645	12 769	11 876	107.5	0.1	26
宁夏	8 586	4 458	4 128	108.0	0.1	27
新疆	27 232	14 054	13 178	106.7	−0.1	28
青海	6 932	3 526	3 406	103.5	−0.2	29
西藏	3 759	1 855	1 904	97.4	−0.3	30
贵州	59 264	30 407	28 857	105.4	−0.7	31

由表3.16可知，2000年各省域出生性别比普遍高于正常值范围，其中，江西、广东、海南、安徽、河南、广西、湖北、湖南、陕西、福建、江苏省的出生性别比均大于120，它们的人口占全国总人口的46.1%。全国出生性别比偏高贡献率前十位的省域为河南、广东、安徽、江西、湖南、广西、湖北、河北、江苏、四川，它们的贡献率均在4%以上，贡献率之和为78.7%，贡献率最高的河南达到了15.1%，说明在全国出生性别比升高的幅度中有超过2/3是这10个省域造成的，其中，河南、广东、安徽最为突出，排在前3名，贡献率分别达到了15.1%、14.3%和8.9%，对出生性别比总体水平的变化起到至关重要的作用。山东、陕西、福建、甘肃、浙江、云南、海南、山西、重庆、辽宁10个省域，贡献率合计为20.6%，贡献率小于1%的省域有7个，它们的合计贡献率不足1%。2010年各省域对我国分省域出生性别比及贡献率，如表3.17所示。

表3.17　2010年各省域人口、性别比及贡献率

地区	出生人数（万人）				贡献率（%）	排名
	合计	男	女	性别比		
广东	94 985	53 596	41 389	129.5	12.2	1
河南	92 626	51 936	40 690	127.6	11.0	2
山东	84 373	46 753	37 620	124.3	8.5	3
安徽	55 698	31 594	24 104	131.1	7.6	4
湖南	66 182	36 869	29 313	125.8	7.2	5
江西	45 698	25 679	20 019	128.3	5.6	6

表3.17(续)

地区	出生人数（万人）				贡献率（%）	排名
	合计	男	女	性别比		
江苏	63 515	34 825	28 690	121.4	5.4	7
河北	76 893	41 736	35 157	118.7	5.4	8
湖北	53 568	29 647	23 921	123.9	5.3	9
广西	56 207	30 889	25 318	122.0	5.0	10
贵州	37 076	20 685	16 391	126.2	4.1	11
福建	34 425	19 173	15 252	125.7	3.7	12
浙江	45 483	24 654	20 829	118.4	3.1	13
甘肃	24 709	13 717	10 992	124.8	2.6	14
四川	59 380	31 499	27 881	113.0	2.2	15
云南	48 929	26 023	22 906	113.6	2.0	16
陕西	30 274	16 265	14 009	116.1	1.7	17
海南	10 290	5 805	4 485	129.4	1.3	18
山西	29 429	15 617	13 812	113.1	1.1	19
黑龙江	20 931	11 200	9 731	115.1	1.0	20
辽宁	23 607	12 519	11 088	112.9	0.9	21
吉林	15 528	8 328	7 200	115.7	0.8	22
重庆	19 413	10 333	9 080	113.8	0.8	23
上海	16 310	8 598	7 712	111.5	0.5	24
北京	13 013	6 879	6 134	112.2	0.4	25
天津	8 562	4 572	3 990	114.6	0.4	26
宁夏	6 838	3 648	3 190	114.4	0.3	27
内蒙古	19 928	10 387	9 541	108.9	0.2	28
青海	5 932	3 143	2 789	112.7	0.2	29
西藏	2 567	1 284	1 283	100.1	−0.1	30
新疆	27 691	14 220	13 471	105.6	−0.3	31

由表3.17可知，2010年各省域的出生性别比处于正常状态的省域只有新

疆和西藏，其他省域普遍高于正常值范围。全国出生性别比偏高贡献率前十位的省域为广东、河南、山东、安徽、湖南、江西、江苏、河北、湖北、广西，它们的贡献率均在4%以上，贡献率之和为73.1%，贡献率集中度虽较2000年略有下降，但依然较高。其中，广东、河南、山东较突出，贡献率分别达到了12.2%、11.0%和8.5%，这三个省域合计贡献率为31.7%，接近1/3，对出生性别比总体水平的变化起到至关重要的作用；贡献率在0~4%的9个省域，合计贡献率为18.7%；贡献率在1%以下的省域有11个。与2000年相比，广东和河南仍然是贡献率最大的两个省域，但是两省域的合计贡献率由29.4%下降到23.47%；贡献率升高的省域有17个，升高幅度最大的是贵州，由-0.7%升高到4.1%；贡献率下降的省域有14个，下降幅度最大的是河南，由15.1%下降到11.0%。从贡献率看，出生性别比偏高问题的严重性不仅仅在于升高幅度的大小，而且要考虑波及的人群范围，贡献率最大的3个省域（广东、河南、山东）也是我国人口最多的3个省域。2015年我国各省域出生性别比及贡献率，如表3.18所示。

表 3.18　2015 年各省域人口、性别比及贡献率

地区	出生人数（万人）				贡献率（%）	排名
	合计	男	女	性别比		
广东	15 504	8 440	7 064	119.5	16.4	1
湖南	8 996	4 949	4 046	122.3	11.6	2
广西	8 405	4 587	3 818	120.1	9.4	3
河南	11 624	6 245	5 379	116.1	9.1	4
江苏	8 802	4 701	4 101	114.6	5.8	5
河北	9 549	5 083	4 466	113.8	5.7	6
四川	9 021	4 798	4 224	113.6	5.2	7
江西	6 441	3 460	2 981	116.1	5	8
云南	7 492	3 982	3 511	113.4	4.2	9
福建	6 942	3 677	3 265	112.6	3.4	10
陕西	4 009	2 151	1 858	115.8	3	11
甘肃	3 153	1 705	1 449	117.7	2.9	12
山东	13 919	7 265	6 654	109.2	2.7	13

表3.18(续)

地区	出生人数（万人）				贡献率（%）	排名
	合计	男	女	性别比		
湖北	7 727	4 044	3 683	109.8	1.9	14
安徽	8 885	4 636	4 248	109.1	1.7	15
重庆	3 008	1 594	1 414	112.7	1.5	16
新疆	5 020	2 633	2 386	110.3	1.5	17
辽宁	2 966	1 563	1 403	111.4	1.2	18
山西	4 557	2 385	2 172	109.8	1.1	19
海南	1 688	901	788	114.4	1.1	20
吉林	2 027	1 075	952	113	1.1	21
西藏	541	303	238	127.2	0.9	22
黑龙江	2 075	1 095	980	111.8	0.9	23
宁夏	1 086	582	505	115.3	0.8	24
北京	2 557	1 341	1 217	110.2	0.7	25
上海	2 418	1 266	1 152	109.9	0.6	26
内蒙古	2 711	1 411	1 300	108.5	0.4	27
贵州	5 321	2 760	2 562	107.7	0.3	28
天津	1 393	727	666	109.2	0.3	29
青海	847	443	403	109.9	0.2	30
浙江	6 361	3 272	3 090	105.9	-0.6	31

由表 3.17 可知，较 2010 年，2015 年大部分省域出生性别比有所下降，贡献率均在 4% 以上的前九位省域为：广东、湖南、广西、河南、江苏、河北、四川、江西和云南，它们的贡献率之和为 72.4%，贡献率集中度继续下降。其中，广东、湖南、广西和河南贡献率分别达到了 16.4%、11.6%、9.4% 和 9.1%，贡献率之和达到了 46.5%，约占贡献率的二分之一，对出生性别比总体水平的变化起到至关重要的作用。2000—2015 年人口性别比偏高的分省域贡献率总结，见表 3.19。

表 3.19　2000—2015 年人口性别比偏高分省域贡献率前十位

（单位:%）

编号	省域	2000 年	省域	2010 年	省域	2015 年
1	河南	15.1	广东	12.2	广东	16.4
2	广东	14.3	河南	11	湖南	11.6
3	安徽	8.9	山东	8.5	广西	9.4
4	江西	8.2	安徽	7.6	河南	9.1
5	湖南	6.9	湖南	7.2	江苏	5.8
6	广西	6.6	江西	5.6	河北	5.7
7	湖北	5.1	河北	5.4	四川	5.2
8	河北	4.9	江苏	5.4	江西	5.0
9	江苏	4.5	湖北	5.3	云南	4.2
10	四川	4.3	广西	5	福建	3.4
合计		78.8	合计	77.3	合计	75.8

由表 3.18 可知，2000 年到 2015 年间，分省域贡献率的前十位省域的贡献率呈下降趋势，由 78.8% 减少到 75.8%，表明分省域贡献率的集中度在逐渐降低。其中，河南省由最高逐渐降低，2015 年贡献率降为全国第四位；广东省则继续保持着较高的贡献率，由 2000 年的 14.3% 增长到 2015 年的 16.4%，跃为第一位；湖南由 6.9% 跃升到 11.6%。安徽省则从 2000 年较高的贡献率8.9%，产生了较大降幅的持续下降，2015 年降至只有 1.7%；前十位省域中，呈下降趋势的省域还有江西，从 8.2% 下降为 5.0%。

2. 各省域出生性别比偏高的城乡贡献率

为进一步分析城乡对出生性别比的影响，本书对城乡对出生性别比偏高的"贡献率"进行了测算。设出生性别比的正常值为 107，全国生育女孩数量为 f，男孩数量为 m。其中，城市、镇和乡村生育女孩数量分别为 f_1、f_2、f_3，生育的男孩数量分别为 m_1、m_2、m_3。那么城市、镇和乡村对全国出生性别比偏高的贡献率可以分别简化表示为：

$$c_1 = (m_1 - 1.07f_1) / (m - 1.07f) \times 100\%$$
$$c_2 = (m_2 - 1.07f_2) / (m - 1.07f) \times 100\% \qquad (3-5)$$
$$c_3 = (m_3 - 1.07f_3) / (m - 1.07f) \times 100\%$$

计算出 2000 年各省域出生人口偏高的城乡贡献率，如表 3.20 所示。

表 3.20　2000 年各省域出生人口偏高的城乡贡献率

| | 出生人口（万人） | | | | | 贡献率（%） | | |
	城市		镇		乡村		城市	镇	乡村
全国	123 549	108 238	84 428	70 417	436 632	358 874	11.1	13.1	75.8
北京	2 695	2 308	336	308	1 008	909	84.4	2.4	13.2
天津	1 312	1 207	820	782	1 309	1 057	11.3	−9.2	97.9
河北	5 368	4 737	3 138	2 693	26 974	22 521	8.7	7.5	83.8
山西	3 685	3 361	2 520	2 200	12 998	11 471	9.1	17.0	74.0
内蒙古	2 657	2 530	1 962	1 904	6 446	5 766	−33.2	−49.9	183.0
辽宁	5 877	5 459	1 924	1 715	9 017	7 819	4.6	11.5	83.9
吉林	2 818	2 545	1 383	1 227	4 835	4 452	40.1	29.7	30.2
黑龙江	3 923	3 608	2 193	1 993	6 653	6 275	101.2	98.1	−99.3
上海	3 272	2 904	631	507	572	463	49.9	26.8	23.2
江苏	7 191	6 363	4 861	3 993	16 364	13 287	12.3	18.9	68.9
浙江	5 618	4 987	4 435	3 927	11 454	10 101	24.3	20.1	55.6
安徽	3 928	3 478	3 942	3 132	25 992	19 287	3.4	9.6	87.0
福建	3 247	2 861	3 119	2 669	10 119	8 178	10.2	14.5	75.3
江西	2 937	2 324	3 440	2 573	19 104	13 566	7.9	12.0	80.1
山东	10 916	9 854	6 479	5 582	29 541	25 920	13.9	18.9	67.3
河南	7 124	6 107	4 843	3 623	46 681	35 280	5.6	9.2	85.2
湖北	5 924	4 846	2 970	2 385	12 782	9 701	20.8	11.7	67.5
湖南	4 456	3 942	3 286	2 747	22 625	17 238	5.0	7.3	87.7
广东	15 324	11 967	8 703	6 086	20 401	14 197	25.4	22.1	52.5
广西	3 051	2 487	3 795	2 771	20 163	15 712	8.5	18.2	73.3
海南	1 010	729	893	618	3 146	2 392	21.9	22.1	56.0
重庆	2 241	2 156	1 604	1 445	8 249	6 843	−7.2	6.3	100.9
四川	5 056	4 549	4 472	4 117	27 202	22 897	6.4	2.3	91.4
贵州	2 682	2 513	3 237	2 829	24 488	23 515	1.5	−44.7	143.2
云南	2 722	2 598	3 812	3 545	28 464	25 509	−5.1	1.7	103.5
西藏	82	92	162	192	1 611	1 620	9.0	23.8	67.1
陕西	2 746	2 389	2 051	1 732	11 163	8 632	8.2	8.5	83.3
甘肃	1 963	1 764	1 138	976	11 236	9 273	5.1	6.3	88.6
青海	505	515	371	341	2 650	2 550	38.9	−5.2	66.3
宁夏	640	622	418	425	3 400	3 081	−62.2	−89.5	251.8

　　由表 3.20 可知，全国层面城市、镇和乡村的贡献率分别为 11.1%、13.1% 和 75.8%，城市和镇的贡献率只有 24.2%，表明乡村出生性别比是我国出生性别比偏高的绝对主因。从各省域情况看，城市对出生性别比偏高贡献率较高的省域为黑龙江、北京、上海、吉林和青海等；镇的贡献率较高的省域是

黑龙江、吉林、上海、西藏、广东、海南和浙江等；乡村贡献率较高的省域有宁夏、内蒙古、贵州、云南、重庆、天津和四川等。2010 年各省域出生人口偏高的城乡贡献率，如表 3.21 所示。

表 3.21　2010 年各省域出生人口偏高的城乡贡献率

	出生人口（万人）						贡献率（%）		
	城市		镇		乡村		城市	镇	乡村
全国	170 745	144 296	123 909	100 940	357 419	292 751	21.4	20.8	57.8
北京	5 613	5 036	443	348	823	750	71.1	22.4	6.5
天津	2 833	2 463	523	452	1 216	1 075	65.3	13.0	21.7
河北	6 267	5 488	9 817	8 068	25 652	21 601	9.6	28.8	61.7
山西	3 617	3 212	3 397	2 905	8 603	7 695	21.5	34.4	44.1
内蒙古	3 263	3 110	2 438	2 299	4 686	4 132	−36.3	−12.3	148.6
辽宁	5 581	5 063	1 338	1 171	5 600	4 854	25.0	13.0	62.0
吉林	2 423	2 206	1 190	996	4 715	3 998	10.0	19.9	70.1
黑龙江	3 699	3 251	1 750	1 577	5 751	4 903	28.0	7.9	64.1
上海	6 531	5 805	1 239	1 086	828	821	92.3	22.2	−14.6
江苏	12 333	10 456	7 719	6 194	14 773	12 040	27.7	26.4	45.8
浙江	10 100	8 703	6 038	5 046	8 516	7 080	33.3	27.0	39.7
安徽	4 986	4 272	6 384	5 057	20 224	14 775	7.2	16.8	76.1
福建	6 235	4 984	4 295	3 504	8 643	6 764	31.6	19.1	49.3
江西	3 509	2 894	6 262	4 936	15 908	12 189	9.7	23.0	67.3
山东	12 442	10 678	9 209	7 182	25 102	19 760	15.6	23.5	60.9
河南	8 987	7 510	8 966	6 794	33 983	26 386	11.3	20.2	68.5
湖北	7 905	6 302	4 839	3 943	16 903	13 676	28.7	15.3	56.0
湖南	6 380	5 391	8 158	6 387	22 331	17 535	11.1	24.1	64.8
广东	27 558	20 996	7 383	5 748	18 655	14 645	54.7	13.2	32.1
广西	4 787	3 909	6 661	5 186	19 441	16 223	15.9	29.3	54.8
海南	1 287	1 029	1 243	900	3 275	2 556	18.5	27.8	53.7
重庆	3 182	2 861	2 330	2 117	4 821	4 102	19.6	10.5	69.9
四川	5 623	4 924	5 589	4 999	20 287	17 958	21.3	14.4	64.3
贵州	2 954	2 427	3 664	2 812	14 067	11 152	11.3	20.8	67.8
云南	2 677	2 465	5 056	4 396	18 290	16 045	2.6	23.3	74.1
西藏	78	73	204	170	1 002	1 040	0.1	−24.9	124.8
陕西	3 405	3 036	3 389	2 896	9 471	8 077	12.3	22.8	65.0
甘肃	2 105	1 745	1 675	1 256	9 937	7 991	12.2	16.9	70.9
青海	571	510	575	506	1 997	1 773	15.9	21.2	62.9
宁夏	982	871	518	454	2 148	1 865	21.3	13.7	65.0

由表 3.21 可知，城市和镇的贡献率快速升高，乡村的贡献率显著下降。

2010 年，城市的贡献率为 21.4%，比 2000 年升高 19.7 个百分点，比 2000 年升高 18.8 个百分点，比 2005 年升高 6 个百分点；乡村的贡献率为 57.8%，比 2000 年下降 38.5 个百分点；城市和镇的贡献率合计为 42.2%，比 2000 年升高 38.5 个百分点。由此看出，乡村对全国出生性别比的影响仍然居于主要地位，但是，城镇的影响呈现显著增大趋势。

从各地情况看，城市对出生性别比偏高贡献率较高的省域是上海、北京、天津、广东，分别为 92.3%、71.1%、65.3% 和 54.7%，均为城镇化率较高地区。镇的贡献率较高的省域是山西、广西、河北、海南、浙江，分别为 34.4%、29.3%、28.8%、27.8% 和 27%。乡村贡献率较高的省域有内蒙古、安徽、云南、甘肃和吉林等，分别为 148.6%、76.1%、74.1%、70.9% 和 70.1%。2015 年各省域出生人口偏高的城乡贡献率，如表 3.22 所示。

表 3.22　2015 年各省域出生人口偏高的城乡贡献率

地区	出生人口（万人）						贡献率（%）		
	城市		镇		乡村		城市	镇	乡村
全国	28 172	25 515	23 121	20 066	41 781	36 393	16.2	30.8	53.0
北京	1 133	999	67	83	141	134	165.1	-56.2	-6.1
天津	517	468	65	59	144	138	112.9	13.0	-25.5
河北	885	840	1 491	1 322	2 707	2 304	-4.5	25.1	79.4
山西	674	632	624	559	1 086	981	-3.7	42.4	59.6
内蒙古	481	463	464	418	466	419	-72.1	83.7	88.3
辽宁	855	776	235	181	473	446	39.9	66.9	-6.8
吉林	427	413	258	176	391	362	-26.5	123.6	6.5
黑龙江	365	341	265	261	466	379	0.3	-30.8	130.3
上海	951	889	193	150	122	113	-0.7	97.4	3.3
江苏	1 759	1 554	1 425	1 248	1 517	1 299	30.7	28.6	40.6
浙江	1 541	1 478	874	810	856	802	118.0	-21.3	6.2
安徽	835	757	1 249	1 146	2 553	2 345	27.6	25.1	48.4
福建	1 269	1 111	1 013	888	1 396	1 266	43.7	34.3	22.6
江西	595	535	1 153	990	1 712	1 456	8.3	34.7	57.0
山东	2 127	2 068	1 958	1 684	3 181	2 902	-59.1	107.5	52.2
河南	1 151	1 048	1 678	1 404	3 416	2 927	6.1	35.9	58.0
湖北	1 387	1 274	854	768	1 803	1 642	23.1	31.2	44.8
湖南	1 075	944	1 561	1 228	2 314	1 874	10.5	39.9	49.8
广东	4 349	3 701	1 318	1 111	2 773	2 252	44.1	14.7	41.2
广西	1 027	834	1 108	938	2 453	2 047	26.8	20.8	52.4
海南	258	230	201	187	441	371	20.6	1.6	76.1

表3.22(续)

地区	出生人口（万人）						贡献率（%）		
	城市		镇		乡村		城市	镇	乡村
重庆	704	621	355	333	535	460	48.8	-1.6	52.8
四川	1 031	1 005	1 285	1 182	2 482	2 038	-15.9	7.3	108.3
贵州	420	443	754	685	1 586	1 434	-289.4	112.8	276.6
云南	686	645	992	833	2 303	2 033	-1.8	44.7	56.7
西藏	23	19	34	22	245	197	5.5	21.6	70.8
陕西	556	495	646	528	949	836	16.2	49.7	33.4
甘肃	301	239	346	292	1 057	918	29.3	21.7	48.4
青海	75	84	115	100	253	219	-126.2	67.9	158.4
宁夏	180	131	116	96	287	278	95.6	31.9	-25.1

由表3.22可知，镇的贡献率持续升高，城市和乡村的贡献率略有下降。2010年，城市的贡献率为16.2%，比2010年降低5.2个百分点，比2000年升高5.1个百分点；镇的贡献率为30.8%，比2010年升高10个百分点，比2000年升高17.7个百分点；乡村的贡献率为53%，比2010年降低4.8个百分点，比2000年降低22.8个百分点。虽然乡村对全国出生性别比的影响在逐渐下降，但是仍然居于主要地位，镇的影响进一步增大。

从各地情况看，城市对出生性别比偏高贡献率较高的省域是北京、浙江、天津和宁夏，分别为165.1%、118%、112.9%和95.6%。镇的贡献率较高的省域是吉林、贵州、山东和上海等，分别为123.6%、112.8%、107.5%和97.4%。乡村贡献率较高的省域有贵州、青海、黑龙江和四川等，分别276.6%、158.4%、130.3%和108.3%。

3. 各省域出生性别比偏高的孩次贡献率

下面计算分孩次的出生性别比对总出生性别比偏高的贡献率。设第 i 孩出生的女孩数为 f_i，男孩数为 m_i，其他假设同前。那么，第 i 孩对总出生性别比偏高的贡献率可表示为：

$$r_i = (m_i - 1.07f_i)/(m - 1.07f) \times 100\% \qquad (3-5)$$

计算出2000年各省域出生人口偏高的孩次贡献率，如表3.23所示。

表 3.23　2000 年各省域出生人口偏高的城乡贡献率

	出生人口（万人）						贡献率（%）		
	一孩		二孩		三孩及以上		一孩	二孩	三孩及以上
	男	女	男	女	男	女			
全国	416 004	388 367	185 898	122 363	42 706	26 798	0.6	79.1	20.2
北京	3 502	3 113	508	390	29	22	64.0	33.9	2.0
天津	2 558	2 407	837	608	46	31	−9.6	102.6	7.1
河北	21 703	20 799	12 404	8 420	1 373	732	−16.1	98.9	17.2
山西	11 171	10 666	6 282	5 186	1 750	1 180	−24.7	74.9	49.8
内蒙古	8 685	8 347	2 177	1 701	203	152	−163.1	236.4	26.7
辽宁	13 040	12 258	3 538	2 596	240	139	−9.8	98.0	11.8
吉林	7 504	7 005	1 379	1 126	153	93	3.7	73.7	22.6
黑龙江	11 107	10 476	1 504	1 306	158	27	−165.9	172.8	93.1
上海	3 917	3 515	524	343	34	16	47.3	47.6	5.1
江苏	24 226	21 592	3 673	1 865	517	186	36.0	53.8	10.2
浙江	16 082	14 987	5 066	3 826	359	202	4.0	83.7	12.3
安徽	22 459	20 432	10 456	5 088	946	377	9.7	81.5	8.8
福建	11 725	10 768	4 298	2 726	462	214	11.2	76.0	12.8
江西	15 914	13 778	7 943	3 902	1 624	783	20.5	65.8	13.7
山东	32 512	30 591	13 718	10 333	706	432	−8.2	99.1	9.1
河南	33 847	32 411	21 740	11 206	3 061	1 393	−7.9	93.0	15.0
湖北	15 236	13 793	5 967	2 897	473	242	13.4	80.6	6.0
湖南	18 707	17 203	10 513	6 049	1 147	675	6.3	84.9	8.9
广东	25 794	21 982	12 329	6 861	6 305	3 406	22.9	50.3	26.8
广西	15 473	14 093	8 111	5 050	3 425	1 827	8.6	59.2	32.2
海南	2 625	2 352	1 505	902	919	485	10.3	51.5	38.2
重庆	8 474	7 878	3 039	2 260	581	306	4.8	67.6	27.6
四川	25 390	23 186	8 896	6 654	2 444	1 723	19.6	60.1	20.3
贵州	14 405	16 325	9 979	8 148	6 023	4 384	651.7	−268.2	−283.4
云南	18 137	17 619	13 166	11 194	3 695	2 839	−63.3	105.1	58.1
西藏	653	699	501	499	701	706	52.1	18.1	29.9
陕西	10 351	9 778	4 962	2 685	647	290	−4.8	90.3	14.5
甘肃	8 360	8 266	4 953	3 140	1 024	607	−32.7	107.4	25.3
青海	1 978	2 064	1 088	920	460	422	194.6	−87.5	−7.1
宁夏	2 441	2 366	1 263	1 058	754	704	−220.8	319.1	1.8

　　由表 3.23 可知，2000 年，我国出生性别比偏高，一孩贡献率只有 0.6%，二孩贡献率最大，达到了 79.1%，三孩及以上贡献率为 20.2%，其中，二孩贡献率占据绝对地位。从各地情况看，在出生性别比偏高的省域中，一孩贡献率

最大的是贵州、青海、北京、西藏和上海等，分别达到 651.7%、194.6%、64%、52.1% 和 47.3%；二孩贡献率最大的是宁夏、内蒙古、黑龙江、甘肃和云南等，分别达到了 319.1%、236.4%、172.8%、107.4%、105.1% 和 102.6%；三孩贡献率较大的是黑龙江、云南和山西，分别达到 93.1%、58.1% 和 49.8%。2010 年各省域出生人口偏高的孩次贡献率，如表 3.24 所示。

表 3.24　2010 年各省域出生人口偏高的孩次贡献率

	出生人口（万人）						贡献率（%）		
	一孩		二孩		三孩及以上		一孩	二孩	三孩及以上
	男	女	男	女	男	女			
全国	393 690	346 176	210 629	161 666	47 754	30 145	30.5	49.3	20.3
北京	5 739	5 348	1 025	745	115	41	5.3	72.2	22.5
天津	3 418	3 058	1 048	875	106	57	48.2	36.9	14.9
河北	23 654	21 704	15 459	12 001	2 623	1 452	10.5	63.6	26.0
山西	9 455	8 404	5 297	4 909	865	499	55.2	5.3	39.5
内蒙古	7 140	6 653	2 985	2 719	262	169	12.0	42.5	45.6
辽宁	9 590	8 679	2 635	2 259	294	150	46.3	33.3	20.4
吉林	6 298	5 408	1 803	1 651	227	141	82.0	5.8	12.2
黑龙江	8 951	7 730	2 057	1 839	192	162	86.3	11.3	2.4
上海	6 687	6 288	1 676	1 305	235	119	-11.9	80.8	31.1
江苏	23 157	20 176	10 050	7 444	1 618	1 070	38.0	50.5	11.5
浙江	15 543	14 168	8 083	6 126	1 028	535	16.2	64.6	19.2
安徽	19 417	17 182	10 567	6 278	1 610	644	17.8	66.3	15.9
福建	12 114	10 749	6 159	4 140	900	363	21.5	60.6	17.9
江西	11 968	10 508	10 502	7 537	3 209	1 974	17.0	57.2	25.8
山东	30 616	27 000	14 194	9 805	1 943	815	26.6	57.0	16.5
河南	27 263	23 094	19 655	14 762	5 018	2 834	30.4	46.0	23.6
湖北	19 467	16 927	8 940	6 200	1 240	794	33.4	56.9	9.6
湖南	20 923	17 462	13 135	10 274	2 811	1 577	40.7	38.9	20.4
广东	31 282	25 579	17 252	12 437	5 062	3 373	42.0	42.4	15.6
广西	16 506	14 402	10 415	8 114	3 968	2 802	28.8	45.6	25.5
海南	2 947	2 514	2 043	1 573	815	398	25.5	35.8	38.7
重庆	6 419	5 736	3 209	2 858	705	486	45.6	24.4	30.0
四川	19 224	16 912	9 548	8 759	2 727	2 210	67.7	10.6	21.7
贵州	11 080	10 129	6 738	4 587	2 867	1 675	7.7	58.2	34.2
云南	14 577	13 388	9 072	7 787	2 374	1 731	16.6	48.9	34.5
西藏	598	555	370	383	316	345	-4.7	44.8	59.8
陕西	10 590	9 255	5 097	4 360	578	394	53.9	33.9	12.3

表3.24(续)

	出生人口（万人）						贡献率（%）		
	一孩		二孩		三孩及以上		一孩	二孩	三孩及以上
	男	女	男	女	男	女			
甘肃	7 792	6 595	4 832	3 665	1 093	732	37.6	46.6	15.8
青海	1 661	1 540	1 064	921	418	328	8.3	49.5	42.2
宁夏	1 966	1 833	1 248	1 027	434	330	2.0	63.5	34.5

由表3.24可知，2000年到2010年，一孩贡献率呈现快速增加趋势，其中，由2000年贡献率0.6%急剧增加到30.5%，一孩已经成为影响出生性别比的第二大因素；二孩贡献率最高，但是呈现下降趋势，尤其是2010年由2000年的79.1%急剧下降到49.3%；三孩贡献率则基本保持不变。

由此看出，各孩次对出生性别比的影响已经发生了重大变化，出生性别比失衡正在向一孩转移。从各地情况看，在出生性别比偏高的省域中，一孩贡献率最大的是黑龙江和吉林，分别达到86.3%和82%，四川、山西、陕西的一孩贡献率也超过了50%。二孩贡献率最大的是上海和北京，分别为80.8%和72.2%；安徽、浙江、河北、宁夏、福建5个省域的二孩贡献率超过了60%。三孩贡献率较大的是内蒙古、青海、山西和海南，分别达到39%、35.8%、31.9%、30.2%。2015年各省域出生人口偏高的孩次贡献率，如表3.25所示。

表3.25　2015年各省域出生人口偏高的孩次乡贡献率

地区	出生人口（万人）						贡献率（%）		
	一孩		二孩		三孩及以上		一孩	二孩	三孩及以上
	男	女	男	女	男	女			
全国	48 673	44 336	36 959	32 627	7 442	5 010	23.0	38.2	38.8
北京	964	883	357	323	19	10	49.4	29.3	21.4
天津	509	443	204	212	15	10	243.3	-158.8	29.9
河北	2 432	2 270	2 269	1 965	382	231	1.0	54.7	44.3
山西	1 389	1 295	864	803	131	68	5.5	7.9	95.5
内蒙古	843	794	516	491	51	16	-32.9	-46.9	169.4
辽宁	1 120	987	416	394	26	22	103.4	-9.0	4.0
吉林	777	689	276	249	21	11	70.6	17.0	16.4
黑龙江	780	703	301	271	15	5	59.9	23.8	20.8
上海	857	815	388	323	19	13	-45.1	127.1	15.3
江苏	2 722	2 321	1 789	1 658	190	122	76.2	4.8	19.0
浙江	1 814	1 833	1 310	1 184	146	73	429.5	-125.7	-197.9

表3.25(续)

地区	出生人口（万人）						贡献率（%）		
	一孩		二孩		三孩及以上		一孩	二孩	三孩及以上
	男	女	男	女	男	女			
安徽	2 596	2 335	1 798	1 779	241	134	107.6	-116.4	107.7
福建	1 681	1 652	1 788	1 527	208	86	-47.2	84.0	63.2
江西	1 458	1 374	1 544	1 327	458	280	-4.5	45.9	58.6
山东	3 047	3 044	3 864	3 446	353	147	-144.7	121.7	134.8
河南	3 043	2 640	2 584	2 301	618	438	44.6	24.9	30.5
湖北	2 421	2 374	1 513	1 245	98	55	-115.5	175.3	37.9
湖南	2 559	2 054	2 060	1 765	294	226	58.3	27.7	8.4
广东	4 313	3 724	3 094	2 574	1 032	767	37.2	38.5	24.0
广西	2 019	1 732	1 867	1 617	701	470	33.0	27.3	39.5
海南	415	414	351	306	134	68	-48.4	40.8	105.9
重庆	907	831	622	529	65	46	22.0	69.1	19.5
四川	2 773	2 473	1 694	1 436	331	316	45.6	56.6	-2.6
贵州	1 432	1 489	1 012	867	315	206	-864.0	451.8	506.9
云南	2 040	1 849	1 560	1 385	381	276	27.3	34.7	38.0
西藏	106	95	103	71	94	73	9.0	55.9	32.9
陕西	1 260	1 052	802	749	90	51	82.5	0.3	21.7
甘肃	900	793	625	546	179	110	33.3	26.4	39.7
青海	201	197	169	152	74	54	-83.0	53.9	137.6
宁夏	277	248	216	192	89	64	27.9	25.4	49.3

由表3.25可知，2000年到2010年再到2015年，一孩贡献率在快速增加到30.5%之后又回落到23%；二孩贡献率从2000年的79.1%回落到2010年的49.3%之后继续回落，2015年为38.2%；三孩贡献率则在2010年之后快速上升，2015年达到了38.8%。上述数据表明，各孩次对出生性别比的影响在2010—2015年发生了显著的变化，出生性别比失衡从一孩转移到三孩。

从各地情况看，在出生性别比偏高的省域中，一孩贡献率最大的是浙江和天津，分别达到429.5%和243.3%，安徽、辽宁、陕西等的一孩贡献率也超过了80%。二孩贡献率最大的是贵州和湖北，分别为451.8%和175.3%，上海、山东、福建等省域的二孩贡献率也都超过了80%。三孩贡献率较大的是贵州、内蒙古、青海和山东等省域。

综上所述，20世纪80年代以来，中国出生性别比空间特征如下：

（1）性别比失衡持续时间较长，持续近40年，出生性别比失衡问题出现了代际延续特征，虽然当前出生性别比有降低的趋势，但大多数省域仍处于中度失衡；出生性别比失衡的地理空间逐渐由局部省区向全国范围蔓延，由中东部地区逐渐向西部地区扩散。出生性别比失衡的空间集聚特征较为明显，且随着时间的推移，空间集聚的持续性和积累性越来越明显。

（2）在历次的人口普查中均发现，各省域出生性别比存在着较大差异。1980—2010 年 30 年之间，性别失衡表现为逐渐攀升且越来越严重，从东中部逐渐蔓延到西南及西北部，从以农业人口为主的省域逐渐蔓延到大城市，重度失衡的省域越来越多。部分省域出生性别比偏离正常值域距离越来越远，出现了梯级递进恶化的现象，逐渐向正常→轻度失衡→中度失衡→重度失衡发展。2000—2010 年的 10 年间，我国大陆地区的 31 个省域中，有 13 个省域的出生性别比有不同幅度的降低，16 个省域的出生性别比有不同程度的上升，其余 2 个省域基本未变，这种现象打破了以往各高度一致、相同方向、攀高变化的格局，省域出生性别比走向出现了有升有降的分化，并且升降幅度最大的都是出生性别比失衡程度高的省域。2010—2015 年，各省域出生性别比步入下降通道，大多数省域有较大幅度的回落，回归中度或轻度失衡，表明针对我国出生性别比综合治理的成效逐步显现，预计 2015 年之后，随着"全面二孩"生育政策的放开，各省域的出生性别比会进一步回落。

（3）从 Moran 指数来看，出生性别比在空间上具有"高—高""低—低"相似值省域集聚的特点，其中高点集聚集中在广东、湖南、湖北、江西、安徽等出生性别比失衡严重的省域，形成了连点成片的发展态势，应建立这些省域之间的协作机制，采取跨区域的治理思路，有针对性地对这些重点区域进行综合治理，从而提高政策的有效性并降低治理成本。

（4）随着生育意愿的下降，人们在一孩生育男孩的动机比较强烈，受到政策管理等因素的影响，通过二孩生育男孩的动机相对减弱，成功率也在下降；而对于对男孩具有强烈愿望的人群，通过生育三个孩子达到男孩的目的，仍然是一个严峻的现实。

4 中国省域出生性别比影响因素的实证分析

4.1 变量选取与数据来源

出生性别比值域是一种相对独立、稳定、少受人为因素以外的因素影响而发生变化的，具有很强生物属性倾向特征的自然化指标。因此，我国出生性别比长时间、大范围的异常反映了基本人口发展过程中的人口性别结构异常，反映了两性所具有的社会生存条件的异常，其背后有着深刻的、复杂的原因（汤兆云，2004）。一般认为，我国出生性别比偏高已经持续了三十多年，是由多方面因素共同影响所造成的，主要包括经济因素、社会因素、文化因素及政策因素等。在中国固有男孩偏好的生育文化背景下，这些因素促使人们通过现代医疗技术人为对胎儿的性别进行选择，从而造成我国长时间多区域的出生性别比偏高。在第一章文献综述和第二章基础理论及作用机制分析的基础上，考虑数据的可获得性和代表性，本章选取以下指标代表上述因素进行实证研究。

1. 经济因素

观念的改变有赖于物质基础的变迁，经济发展水平的高低决定了该地区的物质基础。男孩偏好及出生性别比的长期偏高不仅与传统文化生育观念和人口计划生育政策息息相关，而且从根本上来讲，是落后经济发展的产物。因此，经济因素是性别偏好产生及出生性别比偏高的基础和根本原因。

本书采用地区人均生产总值（GDP）作为经济因素的指标，依据第 2 章基础理论及作用机制分析可知，这一影响因素与当地的社会文化发展情况和基础设施的建设情况紧密相关，各地区经济发展水平的差异使得各地区的出生性别比的失衡程度不同，经济因素对出生性别比的影响存在时空异质性和不确定性。

2. 社会因素

社会因素主要包括生育政策、女性地位、生育文化以及社会保障制度等。

第一，中华人民共和国成立以来，我国生育政策经历了酝酿、逐步形成、收紧、确立和法制化以及调整的发展演变过程，逐步形成了以"城乡二元""地区多元"和"民族多元"为主要特征的多层次生育政策法规体系和鲜明的差异性和多样性。自20世纪70年代初期实施以来，中国计划生育政策已经走过了近50个年头，随着人口发展形势的变化，生育政策也不断调整完善。2013年党的十八届三中全会启动实施一方是独生子女的夫妇可生育两个孩子，简称"单独二孩"政策，逐步调整完善生育政策，促进人口长期均衡发展，迈出了我国人口政策调整的第一步。2015年党的十八届五中全会进一步提出，促进人口均衡发展，坚持计划生育的基本国策，完善人口发展战略，全面实施一对夫妇可生育两个孩子政策，简称"全面二孩"政策。全面放开二孩生育政策缩小了生育政策差异，符合"以人为本"的政策精神，使生育自由回归理性，更有利于生育权的平等保护。更为宽松的生育政策，促进人口长期均衡发展将是未来我国生育政策调整完善的主基调。

生育政策对人们生育行为约束作用的大小很难用一个直接的指标来衡量（茅倬彦，2006）。一方面，一系列的生育政策调整，必然会对家庭的生育行为和生育观念产生影响，继而对出生性别比产生影响。计划生育政策的实施使得生育率迅速下降，挤压了人们对生育孩子数量的选择空间，强化了男孩偏好。生育政策所规定的生育数量越小，政策贯彻实施强度越严格，其对应的人口出生性别比失衡问题就越严重（刘华，等，2014）。杨菊花和李红娟（2015）也从正反两方面来证实了这一观点。另一方面，除极少数情况外，出生性别比失衡的国家（地区）都经历了生育转变，生育率降至更替水平上下。更替水平的生育率是一个临界点，在拥有男孩偏好的国家和地区，只要生育率降至更替水平上下，出生性别比失衡似乎在所难免。

因此，本书借鉴茅倬彦（2006）研究采用总和生育率反映生育政策对生育行为，尤其是对生育数量的作用。总和生育率（Total Fertility Rate，TFR）是根据某个时期如某一年的15~49岁的妇女的分年龄生育率（Age-specific Fertility Rates，ASFRs）。总和生育率作为一个时期指标，是各个年龄组的妇女在这个时期的生育行为的集中展现，是各年龄组妇女在这个时期的生育行为的真实写照（顾宝佳，等，2019）。它是一个标准化分析指标，完全排除了人口性别、年龄结构和育龄妇女年龄结构对生育率水平的影响，并确切反映了妇女的生育水平和计划生育政策的执行力度，TFR越低代表政策空间与意愿空间的差距越大。

根据李丹等（2017）年的研究可知，1982—2010年中国人口总和生育率呈下降趋势，全国人口总和生育率由1982年的2.92下降到2000年的1.22，2010年回升到1.88，但总体呈现下降趋势。我国的人口总和生育率城乡差异较为显著，乡村的人口总和生育率远高于城市的人口总和生育率，城市的人口总和生育率处于偏低的状态，从总体上来看，说明我国的TFR在空间分布上极为不均，存在空间集聚特征，各省域人口总和生育率时空差异显著，经济越发达的区域TFR越低，经济发展程度较低的省份TFR较高。

生育政策的差异性主要取决于民族、户籍性质等因素，国家在推行计划生育政策时，始终照顾我国少数民族的实际情况，无论是在民族自治区域，还是在少数民族散居的区域，均实行宽于汉族的生育政策。各地农村的少数民族，每对夫妇都可以生育二孩。新疆维吾尔自治区的维吾尔、哈萨克等少数民族夫妻，凡第一、第二个孩子均为女孩的，可以生育第三个孩子；一些人口较少的少数民族或者边境地区的少数民族农牧民，实行生育三孩政策；一些人口特别稀少的少数民族实行不限制生育胎次的政策。《中华人民共和国人口与计划生育法》立法时，延续了对少数民族的照顾，实行宽于汉族的生育政策（冯立天，等，1999；张正云，2016）。因此，本书以少数民族人口占比（ETH）作为生育政策的衡量指标之一。

第二，大量研究表明，女性经济地位的相对低下是造成人口出生性别比升高的基本社会动因（陈卫和吴丽丽，2008）。女性经济和社会地位的提升，一方面使得来自社会的性别歧视有所下降，另一方面会对家庭在生育决策中性别选择产生影响。由于女性的经济和社会回报增加，进而提高了家庭生育女孩的效用，女性社会地位的提高既能增强女性在家庭决策中的话语权，又会削弱人们对于生育男孩的偏好。本书采用国际上衡量女性社会经济地位的常用指标——女性平均受教育年限（EDU_F）来衡量女性地位。

通常而言，文化程度越高的家庭和女性，越容易接受新型生育文化，越容易摆脱传统生育观念对现行生育行为的影响。如果组成家庭成员的生育双方学历越高，受教育年限越长，那么越容易相互达成统一的新型生育观念。尤其是家庭女性的受教育程度越高，通常来说就会拥有越高的社会经济地位，对生育行为就会有较高的支配权，最终体现为人口出生性别比的下降。综上，女性地位与出生性别比之间存在负相关关系，即女性地位的提升将有助于缓解出生性别比失衡的问题。

第三，社会保障制度本身是社会政策的一部分。社会保障体制的不足或缺陷，会直接影响社会某项或多项事业的顺利发展。在我国，养老保障制度和医疗卫生保障制度的不健全，是导致出生性别比失衡严重的重要原因之一。社会保障制度的完善，可以在一定程度上消除人们的男孩偏好，从而减缓出生性别比的升高，本书以农村每万人拥有养老机构数（INS）指标来表示社会保障制度的完善程度。

第四，生育文化。王文卿和潘绥铭（2015）研究发现，对于中国农村这个特殊的场域来说，它具有显著的封闭性和同质性。由于这一特性，尽管在过去的百年左右中国社会发生了翻天覆地的变化，但是部分地区的农民所经历的社会轨迹并没有发生多大的变化。由于可能性空间的限制，农村人口往往比城市人口更男孩偏好对强烈，因为农业生产需要男劳动力，而且农民缺乏社会养老保险，养儿防老是他们的现实需要。我国对于男孩的强烈偏好植根于农业文明，一个地区从事农业生产的人口比重越大，该地区可能受到农业文明中"重男轻女"传统文化观念影响的程度就越主。因此，本书以第一产业（农林渔牧）从业人口比例（AGR）表示各地区男孩偏好的强弱。

3. 医疗因素

通常来说，对于非医学需要的胎儿性别鉴定和性别选择必须依赖于发达的医疗技术水平才能得以实现。我国具有广泛的男孩偏好，若不借助现代精确的胎儿性别鉴定技术，也无法人为控制出生婴儿的性别，因此，医疗技术对出生性别比的影响也需考虑在内。医疗服务水平对人口出生性别比的影响作用路径主要体现在随着医疗服务水平的提高，早产、流产的比例不断下降，相关医学研究表明，男性胎儿早产、流产概率远大于女性胎儿，加之B超和人工流产等技术的发展和推广，为有意进行生育性别选择的人提供了技术可能，进而导致出生性别比升高。由于现阶段没有统计性别鉴定的仪器数量，因此以各地区每万人医疗机构数（MED）反映医疗水平，以期识别性别选择性生育技术可行与可及性对人口出生性别比的影响。

关于数据来源，中国关于人口变动情况的抽样调查制度是每十年进行一次抽样比例为总人口的10%的人口普查，每五年进行一次抽样比例为总人口的1%的人口抽样调查。由于中国人口众多，不可能掌握总体的出生性别比数据，只能通过样本数据来推断总体。要推断总体出生性别比就要求样本的规模足够大（乔晓春，2006）。因此，本书选取1982—2010年四个人口普查年份的数据，以及中国各省域的人口总和生育率为研究对象，其中台湾、香港特别行政区和澳门特别行政区，由于数据缺乏不予研究。本书的实际研究范围为大陆的

29 个省级行政单位，包括 20 个省、5 个自治区以及 4 个直辖市。其中海南于 1988 年建省，重庆于 1997 年建市，缺乏建省、建市前的相关统计资料，所以本书的研究对象并不包括海南省，并将重庆与四川进行了合并。

上述变量数据来源于历次人口普查和人口抽样调查数据、《中国统计年鉴》《中国民政统计年鉴》《1949—1992 年民政统计历史资料汇编》《中国人口统计年鉴》《中国人口和就业统计年鉴》。地理空间数据来源于国家基础地理信息中心全国行政区划矢量地图，空间权重矩阵和地理坐标均以该行政区划图为依据，并将其作为地理空间分析的基础。

对如上出生性别比失衡的主要影响因素及其效应总结，如表 4.1 所示。

表 4.1　出生性别比失衡的主要影响因素变量及其预期效应

影响因素	指标	预期作用	变量符号
经济发展水平	人均 GDP	不确定	GDP
生育政策	总和生育率	负	TFR
	少数民族人口占比	不确定	ETH
女性地位	女性平均受教育年限	负	EDU_F
生育文化	第一产业从业人口比例	正	AGR
社会保障	农村每万人养老机构数	负	INS
医疗技术	每万人医疗机构数	正	MED

4.2　变量描述性分析

各变量的描述性统计信息如表 4.2 所示。

表 4.2　变量描述性统计信息

变量	平均值	中位数	最小值	最大值	标准差
出生性别比	112.9	110.6	97.4	138	8.25
人均生产总值（元）	11 248	4 199	242	77 259	16 414
总和生育率	1.88	1.63	0.67	5.23	
少数民族人口占比	0.15	0.04	0.00	0.96	0.92

表4.2(续)

变量	平均值	中位数	最小值	最大值	标准差
女性平均受教育年限（年）	6.27	6.48	1.14	11.38	2.02
第一产业从业人口比例	0.61	0.66	0.03	0.86	0.20
每万人拥有医疗机构数	3.73	2.6	1.06	16.53	2.75
农村每万人拥有养老机构数	3.35	3.67	0.05	8.28	2.03

被解释变量与各解释变量之间的相关系数和散点图，如表4.3和图4.1所示。

表4.3 被解释变量与各解释变量的相关系数

变量	GDP	TFR	ETH	EDU_F
相关系数	0.336	−0.490	−0.405	0.524
变量	AGR	INS	MED	
相关系数	−0.173	0.196	0.134	

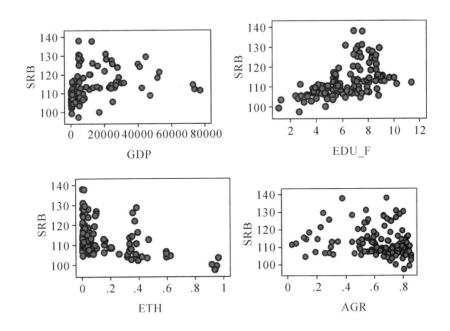

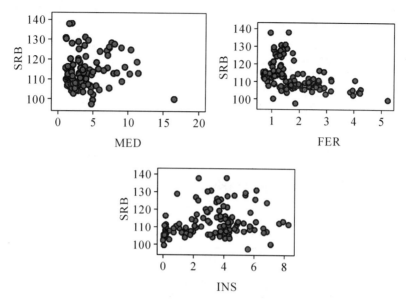

图4.1 被解释变量与各解释变量的散点图

由表4.3和图4.1可知，解释变量和被解释变量在数据分布上存在一定的时空差异，出生性别比与人均GDP、女性平均受教育年限呈正相关关系，与少数民族人口占比、总和生育率呈负相关关系，与第一产业从业人口比例呈弱负相关关系，与农村每万人养老机构数、每万人医疗机构数呈弱正相关关系。

4.3 模型设定

根据上文的分析，选取各地区各普查年份的出生性别比（SRB）作为被解释变量，选取地区人均生产总值（GDP）、少数民族人口占比（ETH）、女性平均受教育年限（EDU_F）、第一产业从业人口比例（AGR）、每万人拥有医疗机构数（MED）、总和生育率（TFR）和农村每万人拥有养老机构数（INS）作为解释变量。

中国自20世纪80年代以来，出生性别比持续走高逐渐偏离正常值范围，出生性别比的上升趋势在时空上都表现出了较大的差异性。中国地域辽阔，不同区域在社会发展水平及思想观念上存在显著差异，且自改革开放以后，社会经历了巨大的变革，同时也增大了区域间社会经济发展速度的差距，从而造成中国出生性别比及其影响因素具有时空上的异质性。同时，通过前文针对我国各省域出生性别比的空间自相关分析，发现出生性别比的空间分布表现为显著的空间聚集特征，样本之间并非独立同质，这一特性无法满足经典回归模型的应用前提。因此在利用省域层面数据考察出生性别比影响因素时，需要选择同时纳入空间自相关性和空间差异性的空间计量模型进行估计，这样才能更为准确。空间计量模型中的空间变系数模型（也称为地理加权回归模型或局部回归模型）可以较好地反映出变量间相互影响和时空异质性的动态变化，因此本节着重采用空间变系数模型进行实证研究。

人口普查每十年进行一次，因此本书所研究的数据仅有 4 个年份，当面板数据的时间维度 T 较小，而样本量 n 较大时，这种面板数据被称为短面板（陈强，2010），这种面板数据的固定效应和随机效应也并不明显。所以，本书将分别运用混合 OLS 模型、地理加权回归模型（GWR）、时间加权回归模型（TWR）和时空地理加权回归模型（GTWR）分析各因素对中国省域出生性别比失衡的影响。

对于混合 OLS 模型，模型设定为：

$$Y = \alpha + \beta X + \varepsilon \tag{4-1}$$

式（4-1）中，Y 为出生性别比（SRB），X 为影响出生性别比的社会、经济、文化等因素，ε 为随机误差项。地理加权回归模型引入空间因素，设定一个最优带宽，利用局部多项式光滑技术，计算出每个解释变量系数在各地理区域的局部估计值，以识别出解释变量对被解释变量影响在空间上的差异，具体形式如下：

$$y_i = \beta_0(u_i, v_i) + \sum_{k=i}^{p} \beta_k(u_i, v_i)x_{ik} + \varepsilon_i \tag{4-2}$$

式（4-2）中，解释变量对被解释变量的影响，除了会随空间变化而变化，时间因素也会导致对参数的估计产生异质性。时间加权回归模型充分考虑时间的效应，将时间因素纳入考量，以检测不同时点上的异质性，具体形式如下：

$$y_i = \beta_0(t_i) + \sum_{k=i}^{p} \beta_k(t_i)x_{ik} + \varepsilon_i \tag{4-3}$$

时空地理加权回归模型构建时空权重矩阵，综合考虑时间与空间两个维度的共同影响，提出了可以同时探测时空异质性的模型，更加全面地反映出解释变量对被解释变量影响的时空变异性，模型的标准形式如下：

$$y_i = \beta_0(u_i, v_i, t_i) + \sum_{k=i}^{p} \beta_k(u_i, v_i, t_i)x_{ik} + \varepsilon_i \tag{4-4}$$

式（4-4）中，(u_i, v_i) 为第 i 个样本的空间位置信息，可以用经纬度表示，t_i 为第 i 个样本的时间信息，$\beta_k(z_i)$ 是第 i 个样本第 k 个回归参数关于时空信息的函数，ε 为随机误差项，$\varepsilon_i \sim N(0, \sigma^2)$，$cov(\varepsilon_i, \varepsilon_j) = 0$（i≠j）。

4.4 实证结果及分析

4.4.1 OLS 回归模型结果

一般而言，对于短面板数据，不考虑变量的平稳性问题（李国柱，等，2018；俞立平，等，2018）。因此，本书将变量平稳性的检验省略，首先利用混合 OLS 回归模型，测算社会、经济、文化等因素对出生性别比偏高的影响，经 Stata14.0 计算得到的估计结果，如表 4.4 所示。

表 4.4 混合 OLS 回归模型的估计结果

变量	参数估计值	t 统计量	标准误差	p 值
Intercept	60.74	7.40	8.21	0.000***
GDP	5.38	6.62	0.81	0.000***
TFR	4.63	1.69	2.73	0.093*
ETH	−1.43	−4.20	0.34	0.000***
EDU_F	5.91	2.23	2.65	0.028**
AGR	5.76	6.10	0.94	0.000***
INS	−1.08	−2.34	0.46	0.021**
MED	−4.57	−3.13	1.46	0.002***
R^2	0.56			
AIC	737.39			

注：Intercept 为截距项，*、**、*** 分别表示在 10%、5% 和 1% 的显著性水平上通过检验。

表 4.4 的结果显示，混合 OLS 回归模型的模型拟合结果中，可决系数 R^2 为 0.56，AIC 值为 737.39，说明混合 OLS 回归模型拟合效果一般。模型中的所有解释变量均通过了 10% 的显著性检验，其中，人均地区生产总值（GDP）、女性平均受教育年限（EDU_F）、第一产业从业人口比例（AGR）、总和生育率（TFR）对出生性别比为显著正向影响，表明一地区的出生性别比会随着 GDP、EDU_F、AGR、TFR 的增加而上升；少数民族人口占比（ETH）、农村每万人拥有养老机构数（INS）、每万人拥有医疗机构数（MED）为负效

应，则表明这些因素对出生性别比的升高起到了一定的抑制作用。

由如上结果可知，普通的经典面板模型只有一个全局平均意义上的回归系数，不能很好地刻画不同时点各样本变量相互影响的局部特性，即这一模型并不能反映出生性别比影响因素的时空异质性效应。下面接着采用空间变系数模型，对该问题进行进一步实证分析。

4.4.2 空间变系数模型结果

为了深入探讨我国各省域出生性别比影响因素的时空异质性，本节分别从时间、空间和时空角度构建 TWR、GWR 以及 GTWR 局部加权回归模型，并对三种空间局部回归模型与全局回归估计（OLS）的结果进行比较分析，模型估计结果如表 4.5 和表 4.6 所示。

表 4.5　GWR 和 TWR 模型的估计结果

变量	GWR				TWR			
	上四分位数	中位数	下四分位数	全距	上四分位数	中位数	下四分位数	全距
Intercept	60.37	80.55	92.66	314.48	106.41	110.71	132.76	85.66
GDP	4.43	17.63	35.66	142.55	−17.70	−5.17	5.28	59.43
TFR	−16.69	1.18	7.94	75.64	−9.55	−2.38	11.03	40.19
ETH	−8.37	−3.96	−1.26	95.32	−17.44	−10.95	−4.31	14.14
EDU_F	7.09	19.32	38.40	164.30	4.85	12.47	18.00	20.67
AGR	11.19	27.51	39.77	279.77	−8.90	0.97	11.23	22.29
INS	−8.97	−5.63	−1.89	44.40	−13.22	−2.67	2.54	57.45
MED	−12.87	−4.98	4.98	58.54	−18.35	−15.90	−13.58	10.06
R^2	0.86				0.74			
AICc	554.50				661.38			
残差平方和	795.01				1 997.56			
Sigma	2.62				4.15			
带宽	399.43				1.16			

注：估计结果由 HuangBo 编写的 GTWR1.0 的 Arcgis 模块计算所得，由于篇幅限制，本结果表中省略了各变量的 t 检验值及其显著性水平，本表列出的结果均在 10% 显著性水平下显著。

表 4.6 GTWR 模型的估计结果

变量	上四分位数	中位数	平均值	下四分位数	全距
Intercept	69.88	95.94	85.42	103.11	582.33
GDP	10.52	15.80	10.93	20.50	148.95
TFR	−7.05	1.98	4.51	13.92	86.61
ETH	−8.53	−4.46	−6.33	−2.79	98.20
EDU_F	−1.39	11.44	26.49	46.07	309.84
AGR	5.08	13.13	13.04	24.95	291.93
INS	−11.60	−2.86	−6.83	−0.02	143.60
MED	−16.39	−11.19	−8.79	−4.73	71.67
R^2	0.89				
AICc	491.14				
残差平方和	460.43				
Sigma	1.99				
带宽	551.84				

从表 4.5 和表 4.6 三种地理加权回归模型的估计结果可知，由于每种模型对估计解释变量影响的异质性所侧重的视角不同，三种空间变系数模型所测算的解释变量对被解释变量的作用强弱大小及系数各分位数的正负方向也有一定差异。在 GWR 模型、TWR 模型、GTWR 模型的估计结果中，EDU_F、ETH、AGR 系数的上、下四分位数和中位数的方向一致，MED 在 TWR 模型和 GTWR 模型中，对出生性别比的作用方向也没有发生变化。而 GTWR 模型中，EDU_F、TFR、INS 三个解释变量的作用方向则表现出了更多的变异性，各分位数的作用方向不全相同。

上述 4 个模型中，同时考虑了时间因素和空间的时空变系数模型（GTWR）对时空数据的适用性大幅增强，同时也具备更加优良的模型拟合优度、模型优良性和模型预测能力。上述四个模型的检验指标总结如表 4.7 所示。

表 4.7 空间变系数模型和混合 OLS 模型检验指标

模型	R^2	RSS	AICc	Sigma
OLS	0.56			
TWR	0.74	1 997.56	661.38	4.15
GWR	0.86	795.01	554.50	2.62
GTWR	0.89	460.43	491.14	1.99

由表4.7可知，从模型的拟合效果及预测准确性上看，可决系数 R^2 越大越好，回归标准差、残差平方和及 AICc 值越小说明模型效果越好。由表4.6可知，GTWR 模型的可决系数 R^2 为 0.89，高于 TWR 模型的 0.74 和 GWR 模型的 0.86。残差是评价一个模型拟合效果好坏的重要指标，残差越接近于 0，说明模型的预测与真实值之间的差距越小，GTWR 模型的残差平方和及 AICc 值均最小，说明 GTWR 模型的预测准确性优于 GWR 模型。上述分析表明将社会、经济、文化等因素对出生性别比影响的时空异质性纳入考量范围之后，对改善本书研究模型的性能有很大助益。

以各人口普查年份为组，绘制 GTWR 模型 29 个省域出生性别比的残差分布图，如图4.2所示。

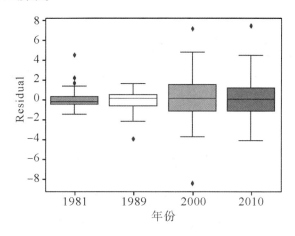

图 4.2　GTWR 模型残差分布图

由图4.2可知，GTWR 模型中各时期各省域出生性别比的残差中位数都非常接近于 0，在时间趋势上没有明显的波动，说明 GTWR 模型对于各个年份出生性别比的预测准确性较为稳定，没有明显的波动。异常值方面，绝大部分的残差都集中在上下四分位数之间的箱体内。1981 年有 3 个异常值，1989 年、2000 年、2010 年都仅有 1 个异常值，说明在考虑了时空异质性之后，GTWR 模型表现出了优良的拟合效果。下面对拟合效果最好的 GTWR 模型结果进行分析。

4.4.3　出生性别比影响效应的时空性分析

GTWR 模型作为引入时间与空间两个视角的局部回归变系数模型，可以检测出解释变量对被解释变量的影响在时空上的差异及动态演变趋势。本节按照时间和空间两个维度分别阐述各因素对中国出生性别比影响效应的变化。首先绘制反映各变量回归系数的总体分布情况的概率密度分布图，如图 4.3 所示。变量回归系数的正负效应比较，如表 4.8 所示。

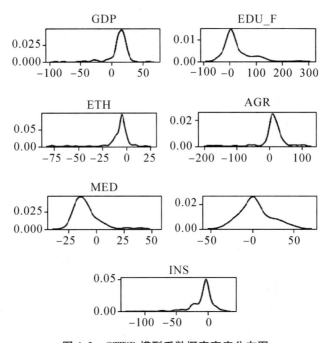

图 4.3　GTWR 模型系数概率密度分布图

表 4.8　GTWR 模型系数正负效应比较

占比（%）	GDP	TFR	ETH	EDU_F	AGR	MED	INS
正效应	87.1	60.3	12.9	73.3	83.6	17.2	25.0
负效应	12.9	39.7	87.1	26.7	16.4	82.8	75.0

　　由图 4.3 和表 4.8 可知，除总和生育率（TFR）回归系数分布为标准正态分布之外，其余变量系数的概率密度分布图都呈现出偏态及尖峰长尾分布。其中，人均地区生产总值（GDP）、少数民族人口占比（ETH）、第一产业从业人口比重（AGR）和农村每万人拥有养老机构数（INS）的系数分布表现出了左偏的形态，而女性平均受教育年限（EDU_F）和每万人拥有医疗机构数（MED）的系数分布则表现为右偏。除了少数民族人口占比（ETH）多为负效应，第一产业从业人口比例（AGR）多为正效应之外，其他解释变量都呈现出显著的时空异质性。不同省域各变量系数的时间、空间变化趋势不尽相同，

下面深入分析在省域维度下，社会、经济、文化等因素对出生性别比影响的时空异质特征。

1. 经济发展对出生性别比影响效应的时空异质性

选取的 29 个省域各省域在各人口普查年份的 GDP 回归系数结果，如表 4.9 所示，这一回归系数的分布点图，如图 4.4 所示。

表 4.9　29 个省域各普查年份 GDP 变量回归系数

省域	GDP（1981 年）	GDP（1989 年）	GDP（2000 年）	GDP（2010 年）
北京	18.17	21.63	9.73	17.57
天津	19.6	20.88	12.63	20.43
河北	18.37	17.94	10.67	19.57
山西	15.8	21.33	10.87	26.3
内蒙古	14.05	21.93	2.71	-3.16
辽宁	15.8	25.65	17.99	11
吉林	11.97	11.69	23.87	0.03
黑龙江	7.29	17.01	-20.4	-44.6
上海	29.26	19	13.91	3.31
江苏	28.35	17.55	19.54	12.88
浙江	26.68	21.13	8.07	3.89
安徽	26.85	16.02	15.94	12.59
福建	20.44	20.68	10.18	15.01
江西	22.85	19.78	10.84	12.36
山东	23.84	22.31	20.36	22.84
河南	21.72	25.83	17.34	23.73
湖北	22.19	23.3	15.86	16.6
湖南	19.55	13.23	16.54	10.27
广东	13.67	11.15	21.00	16.53
广西	11.87	16.93	18.48	-22.33
四川	9.65	16.86	14.09	-26.56
贵州	10.84	-2.58	12.82	-27.75
云南	6.74	37.84	-29.97	-89

表4.9(续)

省域	GDP（1981 年）	GDP（1989 年）	GDP（2000 年）	GDP（2010 年）
西藏	17.52	22.89	14.66	−51.79
陕西	14.72	9.16	12.81	28.91
甘肃	11.21	7.64	−9.32	−76.34
青海	10.61	19.08	32.38	1.79
宁夏	10.68	−4.9	11.04	15.27
新疆	59.95	21.57	−8.65	−40.45
负效应（%）	0	7	14	31
正效应（%）	100	93	86	69
中位数	17.52	19.08	12.82	11.00
平均值	18.63	17.67	10.55	−3.14

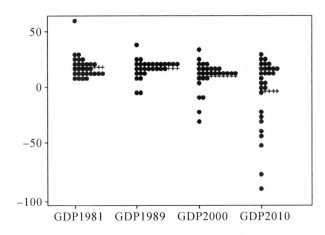

图 4.4　29 个省域各普查年份 GDP 回归系数分布点图

人均地区生产总值（GDP）反映的是省域的整体经济发展水平。由表 4.9 和图 4.4 可知，总体上，经济发展对出生性别比的影响主要为正效应，即经济水平越高出生性别比越低，并且在考虑了时间和空间因素后，经济水平对出生性别比的影响显著增大，作用方向及效应在时间和空间上也存在明显的差异性。

时间上，初期阶段（1981 年）全部省域人均 GDP 对出生性别比的影响均为正效应，影响强度较小且各省域之间的差异也较小。改革开放 40 年以来，我国坚持以经济建设为中心，锐意推进改革，全力扩大开放，经济发展步入快车道。由国家统计局数据可知，1978—2017年，我国国内生产总值按不变价计算增长了33.5倍，年均增长9.5%，远高于同期世界经济2.9%的年均增速。人均国内生产总值不断提高，由低收入国家跨入中等偏上收入国家行列。2017年，我国人均国内生产总值59 660元，扣除价格因素，比1978年增长22.8倍。随着我国经济的快速发展，其对出生性别比的影响开始在一些省域表现出负向作用，且正向作用强度逐渐减弱，负向作用效应逐渐增强。2010年出现了几个负向作用强度异常突出的离群点，表明不同省域的经济发展水平对出生性别比的影响随着时间的推移，表现出了内部分化的特点。特别是2010年空间差异更为显著。

如上分析表明，在20世纪80年代，经济发展水平的提高对我国出生性别比升高起着推动作用，但是进入90年代，特别是步入21世纪以来，城市化和现代化深入推进、社会经济环境不断优化、社会物质财富更加丰富，削弱了家庭在生产和生活上对子女的依赖，性别观念也随之更趋平等，进而作用于人们的生育行为，男孩偏好进一步弱化，因此经济与社会发展对出生性别起到了显著的抑制作用。这一研究结论与陈友华和徐愫（2009）认为经济发展水平对于出生性别比的影响呈现倒"U"形类似，即当经济发展水平足以满足人们用于支付人为选择胎儿性别的费用时，会促使出生性别比升高；但当经济发展达到一定水平，人们的收入水平上升，生育观念发生变化，社会的养老制度逐渐完善，子女对于父母的效用也随之下降，会对出生性别比失衡有一定程度的抑制作用。但是，经济基础对上层建筑起决定的作用，需要通过中间变量来实现。同样，经济发展与人们的生育行为、生育意愿以及所导致的相关出生性别比问题的关系不仅仅是简单的线性关系，还受很多其他因素的制约（马琳，2012）。

经济发展对出生性别比的作用效应存在显著的空间异质性，1981年和2010年GDP系数空间分布如图4.5所示。

从图4.5可知，1981年GDP回归系数均为正值，表明在1981年经济发展水平与出生性别比之间的关系正相关，即经济发展水平的提高促进了出生性别比的进一步升高。经济发展对出生性别比的影响存在显著空间集聚特征。除新疆外，总体而言，东中部省域经济发展水平对出生性别比的影响大于西部地区的内陆省域。影响效应较大的省域主要为上海、江苏、安徽、浙江、山东、江西、湖北和河南等，影响效应较小的省域则为云南、黑龙江、四川、青海、宁夏、贵州与甘肃等。2010年，有9个省域，分别是云南、甘肃、西藏、黑龙

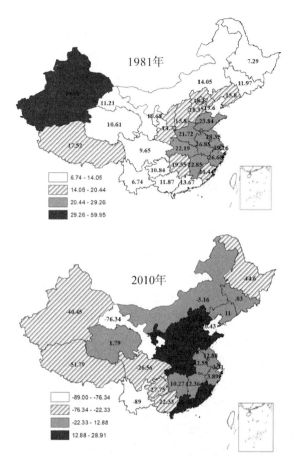

图 4.5 1981 年和 2010 年 GDP 系数空间分布图

图片来源：国家地球系统科学数据中心。

江、新疆、贵州、四川、广西和内蒙古，经济发展对出生性别比的影响效应转变为负效应，体现为经济发展对出生性别比产生了一定的抑制作用，这些省域位于西部和东北地区，具有一定的空间集聚特征。对于 2010 年的中部和东部地区的大部分省域而言，经济发展对出生性别比的影响依旧是经济越发达，出生性别比越高。

经典的人口转变理论认为，经济社会发展因素是推动生育转变的根本性力量，但从本书的分析结果来看，我国的社会经济发展因素与生育转变进程之间尚未建立时空上的对应关系。经济发展程度走在全国先进水平的广东、福建并没有最先完成生育转变，相反生育率下降缓慢、出生性别比严重偏高。产生这一现象的主要原因是，虽然东部地区在改革开放初始阶段，已在"多生少生"问题上有所共识，但在"生男生女"问题上，认识并没有发生根本改变，尤其是农村居民传统的以"男孩偏好"为中心的生育观点仍然在很大程度上影响着人们的生育行为和选择。这一现象也表明经济因素作用于人们的传统生育意愿的过程是缓慢且长期的，生育意愿的转换相对于经济有所滞后。

2. 总和生育率对出生性别比影响效应的时空异质性

各省域在各人口普查年份的 GDP 回归系数结果，如表 4.10 所示，这一回归系数的分布点图，如图 4.6 所示。

表 4.10　各普查年份 TFR 变量回归系数

省域	TFR1981	TFR1989	TFR2000	TFR2010
北京	2.62	2.48	8.75	17.89
天津	3.77	2.32	11.60	23.01
河北	2.63	1.02	8.95	22.74
山西	0.13	-8.48	-5.27	29.03
内蒙古	0.82	5.96	1.22	-2.89
辽宁	-0.08	6.21	11.31	3.91
吉林	-7.42	6.02	9.82	6.50
黑龙江	-4.93	5.44	5.57	28.57
上海	-4.53	-13.91	21.29	52.62
江苏	0.18	-10.18	18.06	43.57
浙江	-6.83	-16.97	19.01	51.19
安徽	-0.69	-12.78	12.35	42.73
福建	-6.69	-23.84	13.50	27.16
江西	-2.55	-21.12	9.70	26.50
山东	4.15	-3.18	15.91	34.37
河南	1.23	-11.37	-1.13	35.00
湖北	1.63	-15.03	-0.58	36.21
湖南	3.64	-21.18	0.68	24.59
广东	0.18	-33.99	-1.32	4.63
广西	7.89	-29.32	-12.56	16.97

表4.10(续)

省域	TFR1981	TFR1989	TFR2000	TFR2010
四川	5.75	−10.42	−16.44	48.98
贵州	9.68	−18.64	−7.15	38.28
云南	15.21	−19.65	−20.64	34.25
西藏	11.72	34.39	30.66	−24.24
陕西	0.65	−11.63	−19.45	26.27
甘肃	2.45	−9.56	−22.63	−33.19
青海	2.76	1.10	27.59	41.45
宁夏	0.64	−11.35	−28.19	−3.40
新疆	−7.01	−2.97	−1.46	−14.90
负效应（%）	31	69	41	17
正效应（%）	69	31	59	83
中位数	0.82	−10.42	5.57	26.50
平均值	1.28	−8.30	3.07	21.99

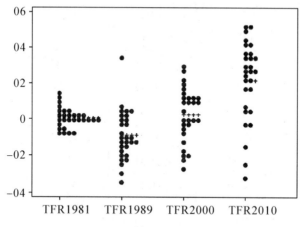

图4.6　各普查年份TFR系数时间趋势图

自"计划生育"政策正式确立为我国的基本国策以来，1982—1984年TFR降低，但在1985—1990年TFR有短暂的反弹，整个20世纪80年代的TFR呈现出"双峰"形（高元祥，1992）。在当时的计划生育政策刚出台的背景下，虽然生育水平的变动大趋势和走向是确定的，但由于我国"第三次生育高峰"的到来及部分农村地区可生育二孩政策的影响，短时段内生育行为波动也可能会存在。总体上，自我国计划生育政策正式实施以来，总和生育率持续下降的大趋势保持了近20年。我国的生育水平从20世纪90年代初期就降到2.1的更替水平以下，TFR在90年代末期基本处于"探底"阶段，保持在平均1.5左右；进入21世纪，TFR在小幅度上升之后趋稳略降，2000年普查为1.22，2010年普查为1.18，2015年全国1%抽样调查为1.05。

本模型中，总和生育率（TFR）对出生性别比的影响系数在7个变量中分布最为离散，虽然没有明显的异常值，但其分布图的宽度较宽，各年系数的分布也不对称，表明数据有偏且样本之间差距较大。总和生育率对出生性别比的影响效应在研究阶段的期初和期末多为正向，中间阶段随着时间演变呈现出显著变化。其中1989年以负效应为主，其影响效应平均值与中位数均为负值。2000年后则以正效应为主，且正效应范围逐渐扩大，作用强度也明显增加，省域之间的空间差异也逐渐增大。纳入了时空效应的模型回归系数较经典OLS而言，作用强度有着显著的波动性。

从理论上认为，生育率的下降是人为控制生育次数的结果，为满足人们对孩子的性别要求，常通过放松数量限制的途径，在增加生育次数的机会中达到这一需求。在严格的生育数量约束下，得到想要的男孩或女孩，比单纯控制数量要复杂、困难得多，因此控制生育性别的愿望随着生育率的下降反而更加强烈。近几十年来，各种干预和鉴定胎儿性别的方法和设备逐渐普及，为生育性别干预提供了有效的技术手段（杨书章和王广州，2006）。生育率越低代表政策空间与意愿空间的差距越大，对生育空间的挤压也越大，因此性别失衡也会越严重。

对于2010年我国大部分省域而言，本书的研究结论与这一理论预期情况并不一致，即生育率越高的地方出生性别比越高。究其原因，主要是因为我国虽然有控制生育数量的计划生育政策，但是在男孩偏好强烈和相关"技术"可及的情况下，违反这一政策的惩罚成本较低，于是有人冒着不健康和违反政策的风险，在多孩次的生育行为中存在明显的生育性别干预和选择。我国的二孩、三孩及以上出生性别比显著高于一孩出生性别比的现象也说明了这一问题。或者，人们的选择性生育行为会"前移"，即在较低孩次就进行性别选择性生育，从而导致较低孩次出生性别比升高。而且，生育率与出生性别比失衡二者之间并不是单向的影响关系。反过来，由于男孩偏好的影响，生育性别控制导致出生性别比失衡，打破了维持总体性别平衡的机制，从而进一步加剧生育率下降。

1981年和2010年总和生育率对出生性别比影响效应的空间分布如图4.7所示。可知，1981年TFR回归系数为负效应的省域有9个，其强度绝对值从大到小依次为：吉林、新疆、浙江、福建、黑龙江、上海、江西、安徽和辽宁，这些省域空间上的集聚特征并不明显。在回归系数为正效应的省域中，空间集聚效应相对明显，对出生性别比的影响强度西部地区明显大于东部地区和中部地区。2010年，各个省域TFR系数的绝对值都有所上升，除广东以外，各省域TFR对出生性别比的作用强度都与其相邻省域非常接近，表现出TFR对出生性别比影响在空间上显著的集聚特征。其中，为负效应的省域只有5个，其强度绝对值从大到小依次为：甘肃、西藏、新疆、宁夏和内蒙古，全部为西部地区的省域。回归系数为正效应的省域，则范围较广，包括西部、中部和东部地区的大部分省域。

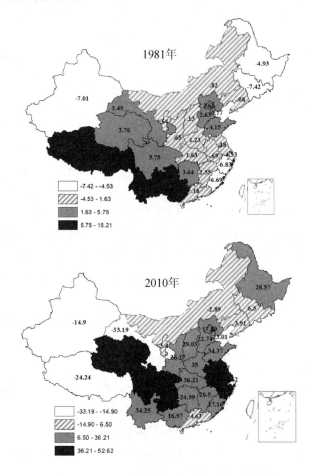

图 4.7 1981 年和 2010 年 TFR 系数空间分布图

图片来源：国家地球系统科学数据中心。

3. 少数民族人口占比对出生性别比影响效应的时空特征

各省域在各人口普查年份的少数民族人口占比回归系数结果，如表 4.11 所示，这一回归系数的分布点图，如图 4.8 所示。

表 4.11　各普查年份 ETH 变量回归系数

省域	ETH1981	ETH1989	ETH2000	ETH2010
北京	-3.07	-3.50	-4.16	-9.50
天津	-2.85	-3.59	-4.49	-7.88
河北	-2.97	-3.35	-4.28	-8.50
山西	-3.42	-2.16	-4.89	-7.65
内蒙古	-3.15	-3.38	-4.57	-10.80
辽宁	-4.50	-4.45	-4.72	-15.87
吉林	-4.41	0.19	-0.72	-22.27
黑龙江	4.41	10.58	20.33	0.65
上海	0.70	-3.43	-5.84	-4.85
江苏	-0.14	-3.31	-5.23	-4.67
浙江	0.25	-3.29	-6.08	-6.08
安徽	-1.31	-3.00	-4.00	-5.68
福建	1.00	-1.83	-11.29	-11.76
江西	-0.46	-2.61	-10.50	-10.86
山东	-1.47	-3.38	-5.16	-4.19
河南	-3.03	-2.44	-3.46	-5.91
湖北	-2.86	-3.64	-5.32	-8.43
湖南	-1.09	-3.37	-11.14	-11.16
广东	2.33	0.63	-13.30	-15.15
广西	1.88	-1.41	-14.99	-12.22
四川	-4.08	-6.36	-10.37	-8.61
贵州	-0.18	-3.73	-11.31	-9.42
云南	-0.38	5.50	0.74	-0.43
西藏	-20.56	-32.19	-39.42	-62.19

表4.11(续)

省域	ETH1981	ETH1989	ETH2000	ETH2010
陕西	-4.48	-3.53	-5.72	-7.69
甘肃	-5.90	-8.28	-10.34	10.26
青海	-7.66	-13.34	-38.09	-25.28
宁夏	-4.68	-4.67	-8.32	-3.79
新疆	7.93	-14.84	-15.62	-77.87
负效应（%）	76	86	93	93
正效应（%）	24	14	7	7
中位数	-2.85	-3.38	-5.72	-8.50
平均值	-2.21	-4.21	-8.35	-12.68

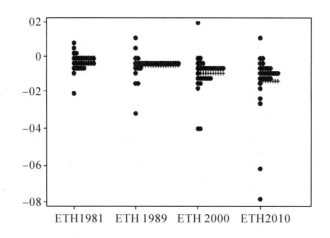

图4.8　各普查年份 ETH 系数时间趋势图

　　本书以少数民族人口占比（ETH）作为生育政策的衡量指标之一，用其反映在偏紧的生育政策大环境下，相对宽松的生育政策对出生性别比的影响效应。我国是一个多民族国家，由于汉族以外的各民族比汉族人口少，习惯上被称为"少数民族"。我国少数民族人口虽少，但分布十分广泛，主要分布在西部及边疆地区的省域，如内蒙古、新疆、宁夏、广西、西藏、云南、贵州、青海、四川、甘肃、辽宁、吉林、湖南、湖北、海南、台湾等省域。我国的生育政策规定"少数民族也要实行计划生育"。少数民族生育政策是根据不同民族和民族地区的人口数量、人口分布、自然生存条件以及社会经济发展等因素制定的相应的生育政策，以满足各民族的需要，从而加快我国国民经济的发展（赵娜，2011）。

　　在第六次人口普查统计期间即 2000—2010 年，少数民族人口增幅为6.92%。在 1989—2000 年期间少数民族人口增长幅度为 15.10%，同上一次人口普查相比，少数民族的人口增长幅度降低了一半多，说明在全国整体人口增幅减少的情况下，少数民族的生育观念已开始发生变化，少数民族地区的人口也出现了低生育水平现象，人口增长速度也开始放缓。少数民族宽松的生育政策，并没有导致人口过快增长的局面，其人口增长仅略高于汉族（马正亮，2012）。张二力（2005）以"五普"数据为基础，分析了全国 343 个地市级单位的出生性别比、婴儿死亡性别比与生育政策之间的关系，发现较为宽松的生育政策有利于缓解出生性别比偏高。但是，值得注意的是完全放开生育并不能从根本解决人口出生性别比偏高问题。石人炳（2009）研究指出，只要人们的男孩偏好还很强，同时能够获得选择性生育的技术，即使取消对生育数量的外在约束或取消生育控制政策，但内在约束仍会导致出生性别比偏高。

　　由表 4.11 和图 4.8 可知，模型回归结果中，少数民族人口占比（ETH）对出生性别比的影响以负效应为主，表示在偏紧的生育政策大环境下，相对宽松的生育政策对出生性别比有着抑制作用。随着时间演变，出现负效应的省域逐渐增多，负效应强度也逐渐增强。考虑了时间和空间因素的回归模型，效应强度显著增大，作用方向及效应在空间上也存在显著差异性。

　　1981 年和 2010 年少数民族人口占比（ETH）对出生性别比影响效应的空间分布如图 4.9 所示。

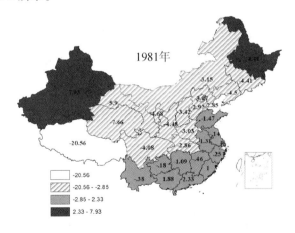

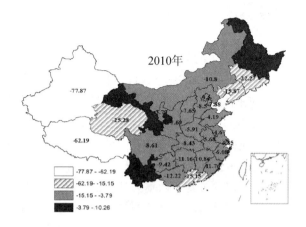

图 4.9　1981 年和 2010 年 ETH 系数空间分布图

图片来源：国家地球系统科学数据中心。

由图 4.9 可知，1981 年 ETH 对出生性别比负效应占 76%，作用强度北方省域总体上大于南方省域，为正效应的省域为新疆、黑龙江、广东、广西、福建、上海和浙江。2010 年上述这一空间分布特征已经不复存在，只有甘肃和黑龙江的影响效应为正效应，其余省域均为负效应，且除吉林、青海、西藏和新疆等省域的负效应强度显著较强之外，其他省域的强度分布则比较均衡和集中。

4. 女性地位提升对出生性别比影响效应的时空异质性

各省域与在各人口普查年份的女性平均受教育年限回归系数结果，如表 4.12 所示，这一回归系数的分布点图，如图 4.10 所示。

表 4.12　各普查年份 EDU_F 变量回归系数

省域	EDU_F1981	EDU_F1989	EDU_F2000	EDU_F2010
北京	1.76	4.04	45.16	−44.37
天津	1.62	5.44	46.39	−46.06
河北	2.21	5.92	48.03	−44.10
山西	3.23	11.56	48.99	−18.80
内蒙古	1.71	−1.36	25.73	−2.53
辽宁	−3.18	−7.16	6.49	−27.55
吉林	−11.05	−35.81	−24.82	28.56

表4.12(续)

省域	EDU_F1981	EDU_F1989	EDU_F2000	EDU_F2010
黑龙江	−1.84	−6.81	112.95	263.79
上海	−9.62	12.28	89.92	11.31
江苏	−4.45	12.93	66.28	−13.33
浙江	−8.03	14.53	121.44	27.59
安徽	−2.68	13.67	81.30	−6.52
福建	−1.49	17.22	153.38	64.82
江西	−0.70	14.99	135.39	45.97
山东	0.46	11.27	49.27	−36.56
河南	1.96	13.21	61.57	−13.52
湖北	2.22	12.83	90.19	21.85
湖南	4.30	13.83	117.83	61.24
广东	5.88	14.49	137.57	78.98
广西	10.70	17.86	101.12	101.75
四川	13.57	10.55	48.95	98.51
贵州	12.40	17.61	101.71	115.06
云南	19.21	20.71	78.21	124.64
西藏	−2.45	−4.40	10.39	−32.07
陕西	3.13	9.31	44.45	12.75
甘肃	7.50	8.26	40.35	119.62
青海	13.68	7.96	25.90	56.03
宁夏	3.89	5.86	14.13	9.13
新疆	−4.16	−3.29	−12.58	−26.67
负效应（%）	38	21	7	41
正效应（%）	62	79	93	59
中位数	1.76	11.27	49.27	12.75
平均值	2.06	7.50	64.33	32.05

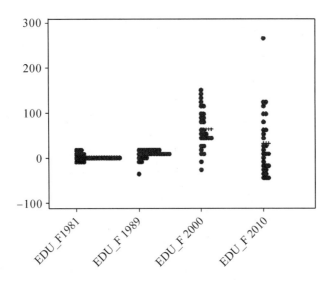

图 4.10　各普查年份 EDU_F 回归系数分布点图

　　女性平均受教育年限（EDU_F）可以从一定程度上反映女性的社会地位。据《2015 年全国 1% 人口抽样调查资料》可知，2015 年全国 1% 人口抽样调查数据显示，1949 年及以前出生人口中，女性平均受教育年限为 4.29 年，不足男性 6.53 年的三分之二；而"80 后"女性平均受教育年限提高至 10.92 年，仅比男性少 0.17 年；到"90 后"一代，女性平均受教育年限提升至 12.18 年，甚至超过男性 0.23 年。在出生性别比升高的近 40 年间，我国女性地位有了显著提升。

　　由表 4.12 和图 4.10 可知，1980—2000 年期间，对于绝大部分省域而言，女性受教育水平对出生性别比的影响效应为正值，且到 2000 年其正向作用强度呈现增大的趋势，但在 2010 年这一正效应则有所减弱，为负效应的省域开始逐渐增多，且负效应强度也有所增强，即女性地位越高出生性别比越低。与理论预期方向趋向一致，并且在考虑了时间和空间因素后，同时女性地位对出生性别比的影响显著增大，作用方向及效应在时间和空间上也存在明显的差异性。1981 年和 2010 年女性受教育程度系数空间分布图，如图 4.11 所示。

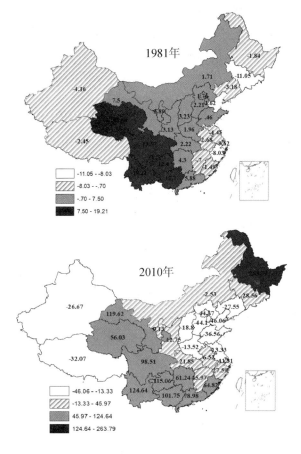

图 4.11 1981 和 2010 年 EDU_F 系数空间分布图

图片来源：国家地球系统科学数据中心。

从图 4.11 可知，1981 年除西藏和新疆之外，西部地区省域女性受教育程度对出生性别比升高多为正效应，且影响强度较大，如云南、青海、四川、贵州、广西和甘肃等省域；中部地区省域次之；为负效应的省域则较分散，既有西部地区省域，也有东部省域，空间集聚性不明显。2010 年，有 12 个省域为负效应，以东部和中部省域居多，按强度绝对值排序，较大的省域依次为天津、北京、河北、山东、西藏、辽宁等；有 19 个省域女性地位依旧为正效应，且个别省域的正效应强度还有进一步增强的趋势，如黑龙江、云南、甘肃、贵州、四川等；还有部分省域虽然为正效应，但是强度却有所减弱，如广东、福建、广州、浙江、湖北、陕西和上海等。

分析表明，在改革开放初期 10 余年间，女性在经济、政治、教育、法律、家庭等方面，其资源和权力仍远远低于男性，造成整个社会的男性偏好观念和行为盛行。进入 21 世纪，随着我国经济的快速发展，女性地位有了显著提升之后，对出生性别比升高的抑制作用开始逐渐有所显现。只有切实从提高女性地位入手，才能真正消除性别偏好、人为进行性别选择的不良习俗和思想，进而从本质上抑制出生性别比的偏高。

5. 第一产业从业人口比例对出生性别比影响效应的时空异质性

各省域与在各人口普查年份的第一产业从业人口比例回归系数结果，如表 4.13 所示，这一回归系数的分布点图，如图 4.12 所示。

表 4.13　各普查年份 ARG 变量回归系数

省域	ARG1981	ARG1989	ARG2000	ARG2010
北京	8.32	8.71	7.67	−2.00
天津	8.24	9.42	8.91	0.73
河北	7.96	9.42	9.43	−0.59
山西	6.51	13.97	23.29	11.21
内蒙古	9.52	4.57	1.49	−5.58
辽宁	13.70	6.06	1.90	3.29
吉林	10.73	−5.16	−1.15	11.15
黑龙江	6.27	−2.71	5.09	24.90
上海	20.42	20.85	26.66	2.61
江苏	17.94	18.93	24.06	6.98
浙江	18.17	23.33	33.58	5.40
安徽	15.39	21.58	30.33	8.61
福建	13.53	25.95	42.78	23.35
江西	12.34	28.18	40.16	19.81
山东	11.32	13.39	16.23	8.16
河南	9.98	19.35	33.25	15.17
湖北	10.33	25.94	37.32	15.92
湖南	5.04	29.73	39.16	17.33
广东	1.28	25.59	48.17	30.33
广西	−3.61	13.61	35.71	−6.97

表4.13(续)

省域	ARG1981	ARG1989	ARG2000	ARG2010
四川	27.90	7.66	23.66	4.99
贵州	0.57	12.86	20.90	−18.46
云南	17.95	−62.94	−60.90	−74.69
西藏	−12.55	−46.47	−17.52	−82.74
陕西	6.75	19.29	38.44	25.12
甘肃	20.84	48.97	64.25	49.32
青海	80.68	74.52	109.19	104.04
宁夏	5.63	19.23	35.61	29.91
新疆	92.90	−45.53	−80.96	−164.13
正效应（%）	93	83	86	72
负效应（%）	7	17	14	28
平均值	15.31	11.67	20.58	2.18
中位数	10.33	13.97	24.06	8.16

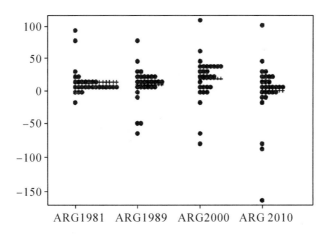

图 4.12 各普查年份 AGR 系数时间趋势图

第一产业从业人口比例（AGR）对出生性别比的影响方向，总体上正效应占据主体地位，特别是在 1981—1989 年，表明第一产业从业人员比例越高出生性别比也越高。随着时间的演变，个别省域的影响效应逐渐从正向转变为负向，且省域之间的差异逐渐扩大，为负效应的省域有所增多。

　　分析表明，在计划生育政策实施的初期，在对生育数量进行了限制之后，人们对男孩表现出强烈的偏好，随着经济、社会发展，以及人们文化水平的提升，男孩偏好逐渐有所缓解。1981年和2010年第一产业从业人员比例回归系数的空间分布如图4.13所示。

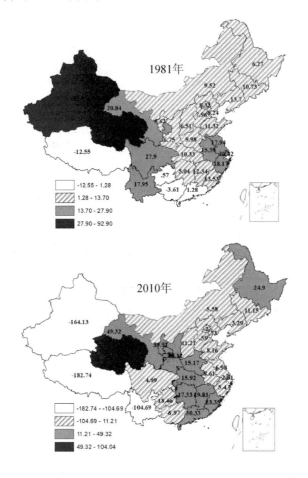

图 4.13　1981 年和 2010 年 AGR 系数空间分布图
图片来源：国家地球系统科学数据中心。

　　从图4.13可知，绝大部分省域AGR对出生性别比的作用方向为正，与预期作用方向一致，且在1981年和2010年间没有发生显著变化。表明随着第一产业从业人口比例的上升，各省域对劳动力的需求也会随之增加，而男性由于

　中国人口出生性别比及其影响因素的时空异质性研究

生理上的自然优势会得到父母的偏好，由此催生出人为对胎儿的性别进行选择的行为，最终导致出生性别比的升高。总体上来说，1981 年这一系数的影响效应东西部地区大于中部地区，而 2010 年则是中部地区大于东西部地区。

产生这一现象的原因主要是，乡村地区出生性别比显著高于城市和镇的现象是出生性别比偏高的主要推手（具体见第 3 章分析）。同时，中国农村不同的地区男孩偏好存在明显差异，男孩偏好比较强的区域主要分布在由广东、福建、江西、广西所构成的华南地区和由河南、山东、安徽和河北等所构成的中原地区；另外，湘南、鄂东、山西和陕西、贵州等地的纯女户比例也较低。男孩偏好比较弱的区域则主要分布在东北三省。从传宗接代观念来看，位于中部的长江流域和东北传宗接代观念已弱化，"生男生女都一样"成为这些区域生育观念的主导；而在华南，男孩偏好和传宗接代观念依然很强（龚为纲，2013）。

6. 医疗水平对出生性别比影响效应的时空异质性

各省域与在各人口普查年份每万人拥有医疗机构数（MED）回归系数结果，如表 4.14 所示，这一回归系数的分布点图，如图 4.14 所示。

表 4.14　各普查年份 MED 变量回归系数

省域	MED1981	MED1989	MED2000	MED2010
北京	−8.40	−12.29	−12.95	−3.28
天津	−8.79	−12.82	−14.06	−3.70
河北	−9.13	−17.24	−14.34	−4.51
山西	−11.27	−9.81	−18.65	−13.15
内蒙古	−5.51	−7.49	−7.87	−0.46
辽宁	−2.89	−9.27	−3.35	3.83
吉林	−3.82	−1.54	1.95	8.33
黑龙江	−4.78	−15.54	10.83	9.20
上海	−7.60	−16.23	−18.43	−4.57
江苏	−8.05	−16.29	−19.88	−6.78
浙江	−10.40	−17.01	−19.05	−6.37
安徽	−10.70	−18.39	−20.30	−8.79
福建	−13.61	−16.51	−24.30	−13.36
江西	−13.71	−15.40	−22.54	−12.83
山东	−9.11	−18.31	−18.84	−7.07

表4. 14(续)

省域	MED1981	MED1989	MED2000	MED2010
河南	-11. 71	-16. 95	-21. 25	-14. 41
湖北	-12. 95	-15. 78	-21. 88	-16. 57
湖南	-16. 28	-21. 52	-22. 83	-16. 35
广东	-18. 86	-14. 16	-28. 60	-17. 13
广西	-21. 62	-10. 24	-18. 74	-5. 71
四川	-8. 57	-13. 02	-15. 06	5. 19
贵州	-18. 17	-9. 97	-18. 60	-5. 83
云南	-15. 41	-11. 89	3. 23	43. 07
西藏	-11. 12	-16. 84	10. 13	37. 76
陕西	-10. 84	0. 99	-19. 86	-19. 78
甘肃	-7. 36	1. 30	4. 47	25. 93
青海	0. 94	-12. 73	2. 43	15. 85
宁夏	-9. 79	-7. 75	-14. 37	-9. 74
新疆	2. 26	-12. 29	7. 27	29. 03
正效应（%）	7	7	24	31
负效应（%）	93	93	76	69
平均值	-9. 91	-12. 59	-12. 26	-0. 42
中位数	-9. 79	-13. 02	-18. 43	-5. 71

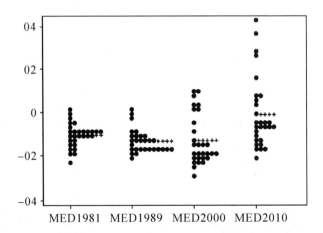

图 4.14　1981 年和 2010 年 MED 回归系数空间分布图

每万人拥有医疗机构数（MED）可从一定程度上反映人们获取性别选择技术的便利性。由表 4.14 和图 4.14 可知，总体上，我国医疗水平对出生性别比的影响以负效应为主，在早期，大部分省域并没有呈现出明显的对出生性别比的推动作用。2000 年开始，MED 影响为正效应的省域开始增多，系数分布呈现出右偏形态，且出现了明显的正的异常值，空间上的差异显著增大。这表明随着医疗水平的不断进步，人们通过人为选择胎儿性别实现男孩偏好的可能性增加了，从而推动出生性别比上升。1981 年和 2010 年医疗水平（MED）回归系数的空间分布图，如图 4.15 所示。

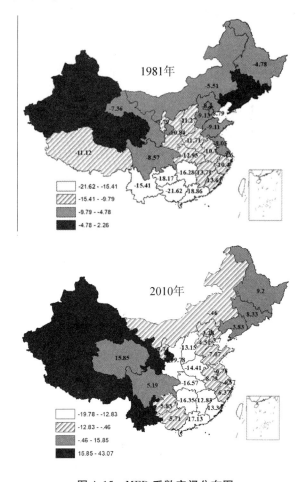

图 4.15 MED 系数空间分布图

图片来源：国家地球系统科学数据中心。

由图 4.15 可知，1981 年和 2010 年 MED 对出生性别比的作用方向和强度都表现出明显的空间集聚性，相邻省域的系数方向、大小相近。1981 年，除新疆和青海为正效应外，其余省域的 MED 对出生性别比的影响都为负效应，且影响效应由南到北逐渐增大。2010 年，西部的新疆、西藏、甘肃、宁夏、四川、云南及东北三省的医疗水平对出生性别比的影响方向转变为正；中部和西部地区的个别省域，医疗水平对出生性别比的影响作用强度绝对值大于东部同期水平。

7. 社会保障对出生性别比影响效应的时空异质性

各省域与在各人口普查年份农村每万人拥有养老机构数（INS）回归系数结果，如表 4.15 所示，这一回归系数的分布点图，如图 4.16 所示。

表 4.15　各普查年份 INS 变量回归系数

省域	INS1981	INS1989	INS2000	INS2010
北京	−0.55	−2.76	−43.32	−6.01
天津	−0.81	−2.77	−38.31	6.50
河北	−0.78	−2.95	−40.83	1.58
山西	−0.84	−4.17	−26.73	16.11
内蒙古	0.36	−2.34	−50.80	−50.69
辽宁	3.44	1.53	−33.73	−3.71
吉林	5.86	8.74	−15.72	13.91
黑龙江	5.50	13.07	−25.69	−12.45
上海	−0.89	−2.17	−2.68	−6.65
江苏	−1.94	−3.33	−3.19	11.62
浙江	−0.76	−3.09	−1.08	−14.52
安徽	−2.25	−4.47	0.19	9.74
福建	−0.61	−4.43	−8.12	−19.96
江西	−1.91	−5.77	−8.65	−8.55
山东	−1.84	−3.32	−19.35	24.74
河南	−2.13	−5.31	−4.96	22.73
湖北	−2.70	−6.92	−7.03	12.33
湖南	−2.39	−8.40	−15.63	−4.28
广东	−0.79	−7.56	−15.50	−19.77
广西	−0.60	−11.32	−23.55	−8.49
四川	−0.54	−6.56	−20.71	4.11

省域	INS1981	INS1989	INS2000	INS2010
贵州	−0.31	−10.69	−22.74	−1.86
云南	2.27	−7.37	−20.56	−29.12
西藏	4.71	3.47	−0.92	−78.85
陕西	−0.80	−5.78	−13.01	16.08
甘肃	−0.05	−1.01	−23.62	−23.17
青海	0.19	2.46	−17.59	−24.73
宁夏	0.08	−4.32	−19.29	5.26
新疆	5.04	0.90	12.25	−71.13
正效应（%）	31	21	7	41
负效应（%）	69	79	93	59
平均值	0.14	−2.99	−17.62	−8.25
中位数	−0.61	−3.33	−17.59	−4.28

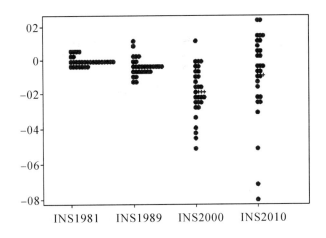

图4.16 1981年和2010年INS回归系数空间分布图

由表4.15和图4.16可知，我国各省域农村每万人拥有养老机构数（INS）对出生性别比的影响，总体上为负效应。各省域之间的空间差异性在2000年后变得较为显著，1981年各省域系数的方向和大小差异较小，表现为箱线图中箱体的宽度非常狭窄。随着时间推移，INS的系数开始向负向发展，且在2010年出现作用强度大、方向为负的异常值。分析表明，我国社会保障制度的进一步完善也为出生性别比失衡的治理起到了重要的作用。只有通过完善的社会保障制度，切实解决人们的养老和医疗的后顾之忧，才可能彻底改变传统落后的生育观念，从而解决出生性别比失衡问题。1981 年和 2010 年 INS 回归系数的空间分布图，如图 4.17 所示。

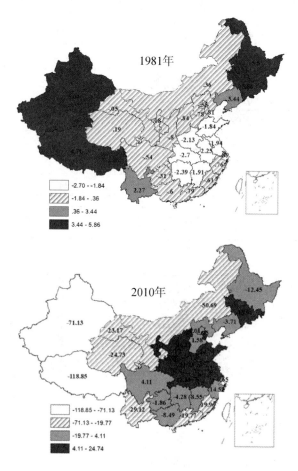

图 4.17　1981 年和 2010 年 INS 系数空间分布图

图片来源：国家地球系统科学数据中心。

由图 4.17 可知，1981 年大部分省域的 INS 系数值为负，但作用强度很小，在各省域之间的差异不大，且相邻省域的值大小基本一致，表现出一定的空间集聚性。2010 年，在东南沿海的广东、福建及西部地区的云贵川等省域，INS对出生性别比的抑制作用进一步加深，而相邻的陕西、河南、山西、山东、湖北等地这一系数的方向却由负向变为了正向。另外西部地区的部分省域，如内蒙古、黑龙江、西藏、甘肃、青海、新疆也有明显向负效应转变的趋势。

5 主要结论与政策建议

5.1 主要结论

20 世纪 80 年代中国出生性别比连年攀升，逐渐偏离正常值范围，这一现象引起了诸多国内外学者的注意。学者们分别从社会、经济、政策各方面对导致出生性别比升高的因素的作用效应及强度进行了深入的理论与实证分析。但是，由于中国地域辽阔，民族众多，各省域的自然与社会环境都具有较大的差异，出生性别比变换的路径与机制也不尽相同，从时空异质性视角切入的研究并不多。因此，本书在前人研究的基础上，以我国省域为研究区间，首先分析了近 40 年中国出生性别比的时间变化趋势和空间分布特征；然后，利用 1982 年以来的历次人口普查数据，采用同时纳入变量时间和空间异质性、空间集聚性的时空地理加权模型，对我国省域出生性别比影响因素的时空分异特征进行实证分析，得出以下主要结论：

1. 从时间变化的轨迹上来看，中国出生性别比在 20 世纪 80 年代缓慢上升，90 年代快速攀升，于 2007 年达到峰值 125.5，后开始逐年下降，但至今仍未回复到正常水平。东中西部出生性别比的时间变化趋势各有异同，都经历了 90 年代的快速上升，而其中以中部地区的增长速度最快，西部地区出生性别比始终是三个地区中的最小值，与正常值范围的差距也最小。城市、镇和乡村中，城市的出生性别比最低，乡村则最高。从"三普"到"五普"期间，数值变化显示我国出生性别比迅速攀升，出生性别比偏高的程度加深并且偏高的范围扩大。

从空间分布特征来看，在 20 世纪 80 年代初期，仅有部分东部和中部省域的出生性别比出现失衡，但经过 30 年的发展，出生性别比失衡已经成为中国一个普遍存在的问题。其中，中部省域的失衡程度最为严重，西部地区的出生性别比则与正常值范围的偏离最小。以 2010 年为例，对出生性别比升高贡献率排名前十位的省域中，中部占五席，贡献率合计为 36.7%，高于东部的 31.5%，而西部仅有广西一省域排名进入前十。

2. 本书运用 GTWR 模型进行实证研究，发现不同地区出生性别比失衡的原因不同，存在显著的时空异质性。这一模型较经典计量模型有着更好的模型拟合效果和解释能力，更有利于发现不同省域出生性别比失衡的重要影响因素，便于根据不同省域的特点和重要影响因素，因地制宜、有针对性地制定相关的治理对策与措施。

其中，各影响因素对省域出生性别比的作用的时间异质性特征主要体现为，绝大部分省域人均地区生产总值对出生性别比的影响效应在期初是正向的，随着经济进一步发展，其对出生性别比的影响在大约三分之一的省域表现出负向作用，且作用的强度也逐渐增大。说明一些省域的经济发展水平对出生性别比的影响，已经进入倒 "U" 形的负向影响阶段。女性平均受教育年限出生性别比的影响效应在各省域之间的差异最为显著。期初，绝大部分女性受教育水平系数为正值，期末，这种正效应逐渐趋弱，且半数以上的省域随着女性受教育水平的上升，其出生性别比反而下降，表明中国女性地位的不断提升开始显现出对出生性别比升高的抑制作用。少数民族人口占比对出生性别比的影响在时间维度上表现出了稳定的负效应。第一产业从业人口比例对出生性别比的影响强度，在四个人口普查年份的分布变化都不大，但在一些省域这一影响的方向逐渐从正向转变为负向。在 2010 年出现了几个较为明显的负异常值，表明第一产业从业人口比例这一变量对出生性别比的影响开始发生一些质的变化。

每万人拥有医疗机构数对出生性别比的影响有明显由负向正演进的趋势。在 2000 年之前，绝大部分省域每万人拥有医疗机构数的系数都为负，自 2000 年开始，每万人拥有医疗机构数的系数出现大量正值，系数分布呈现出右偏形态，且出现了明显的正的异常值。这表明随着医疗水平的不断进步，人们通过人为选择胎儿性别实现男孩偏好的可能性增加了，从而使出生性别比上升。总和生育率对出生性别比的影响系数在七个变量中分布最为离散，期初和期末均多表现出正向影响，随时间变化而呈现剧烈波动，其中位数逐渐向正向发展，作用强度也随时间增加。农村每万人拥有养老机构数对出生性别比的作用在各省域之间的差异逐渐增强，1981 年各省域系数的方向和大小基本没有差别，而随着时间的推移，农村每万人拥有养老机构数的系数开始向负向发展，且在 2010 年出现作用强度颇大、方向为负的异常值。

3. 各影响因素对省域出生性别比的作用的空间异质性特征主要体现为,总体上东南沿海省域经济发展水平对出生性别比的影响效应大于中西部内陆地区。除青海、内蒙古外,其余各省域人均地区生产总值对出生性别比的作用方向都与其相邻省域相同,体现出经济发展水平对出生性别比的影响具有空间集聚性。1981年,除西藏和新疆之外,中西部女性平均受教育年限正向影响效应较大,东部较小,2010年,除黑龙江增大趋势明显之外,空间格局变化较小,多个省域女性社会地位对出生性别比的作用方向由正向转变为了负向,这一转变说明不同省域出生性别比与女性社会地位关系的变化趋势并不一致。

除个别省域外,1981年和2010年少数民族人口占比对出生性别比的影响系数均为负值。在空间分布上,1981年在少数民族人口占比对出生性别比的负向作用强度上,北方总体上大于南方,2010年这一空间分布特征已经不复存在,绝大部分省域的系数值都接近于−10。绝大部分省域第一产业从业人口比例对出生性别比的作用方向为正,且在1981年和2010年间没有发生质的变化。总体上来说,1981年这一变量系数的影响效应东部和西部大于中部地区,而2010年则是中部地区大于东部和西部。

1981年和2010年,每万人拥有医疗机构数对出生性别比的作用方向和强度都表现出明显的空间集聚性,期初这一影响效应由南到北逐渐增大,期末除东北三省较大外,由东向西逐渐增大。总和生育率对出生性别比的影响强度方面西部地区明显大于东部和中部,2010年与1981年相比,该影响效应的绝对值都有所上升,除广东以外,各省域总和生育率对出生性别比的作用强度都与其相邻省域非常接近,表现出总和生育率对出生性别比影响在空间上的自相关性。1981年大部分省域的农村每万人拥有医疗机构数的系数值为负,但作用强度很小,在各省域之间的差异不大,且相邻省域的值大小基本一致,表现出一定的空间集聚性。2010年,在东南沿海的广东、福建及西部的云贵川地区,该变量对出生性别比的抑制作用进一步加深,省域间的差异逐渐显现出来。

5.2 政策建议

通过前文研究可知中国出生性别比失衡的问题,不论是在其自身特征还是其影响因素方面,都表现出了显著的时空分异特征。因此,在治理出生性别比失衡时,要从时空异质性视角,充分考虑各地具体情况,避免实施"一刀切"政策而造成事倍功半的结果。同时,我国出生性别比在高位运行了数十年之后，目前虽然得到了有效的遏制，但是并没有回到正常值范围。按照出生性别比发展一般规律，越是接近正常值，其下降难度越大，结合实证研究结论和文献研究，建议从如下方面系统考虑治理出生性别比偏高的问题，从而促进我国人口长期均衡发展。

（1）注重人口发展的战略性、全局性和长期性，从国家宏观层面进行出生性别比治理的综合统筹安排。首先，人口系统的良性运行与协调发展直接关系到整个社会的可持续发展，人口变化及其影响效应的产生是长期缓慢的过程，因此要用战略性眼光，从长远角度审视这一问题。人口是社会、经济发展中最基础也是最核心的部分，不能单独看待人口问题，人、社会、经济、资源、环境等是一个相互依赖、相互融合的系统，因此在设计人口制度和政策时，必须要从系统性角度出发，进行相应制度的顶层设计。对于出生性别比失衡的问题治理也不例外，应构建系统性、长期性的社会管理整体性治理框架，持续推进"标本兼治"的宏观综合治理体系（李树茁，等，2014）。其次，国家宏观综合治理政策实施中要有侧重点，从制度、政策、社会发展、弱势群体保护政策、社区干预等多方面制定政策和行动计划。治理活动要与当前社会发展战略和建立国家公共服务体系的战略和行动路径相契合，在行为约束与宣传倡导基础上丰富政策手段。不同地区的经济社会条件不同，出生性别比也有差异，因此在政策制定、工作方法设计中要采取分区域治理的策略，对重点地区的重点人群应给予特别关注。如西藏自治区，其出生性别比失衡发展阶段、路径与其他省域存在显著不同，在进行出生性别比综合治理时要深入研究，结合民族特点、人口结构、经济社会发展等多方面进行政策的制定和实施。

（2）我国出生性别比失衡的根源和本质是传统文化中长期形成的男孩偏好和性别不平等，尤其是在一些经济落后地区，居民受教育程度低，思想观念落后，封建迷信思想严重，工作生活中性别歧视现象严重。经济发展并不必然实现男孩偏好的弱化，为破除滞后的性别不平等观念，还需要在如下方面进行强化：第一，必须大力提高人们的受教育程度，在基础教育中加入有关性别平等的内容，树立女性权益意识，为全社会形成正确的性别观念打下坚实基础。提高女性在社会中的地位有助于削弱父母对于男孩的强烈需求，从而真正实现男女平等。第二，政策制度建设是重要的催化剂，在社会发展中要优先注重女性的发展机会，通过利益导向政策设计，充分激发和保护女性就业动力，提升女性的社会和经济地位，有效促进男孩偏好观念的转变。第三，经济发展水平越高，生产方式越多元化，男性和女性在生产活动中的作用差异就会越小。因此，加快经济发展，提高生产力水平，优化经济结构，挖掘女性在社会经济生产活动中的潜能。通过发挥和提高女性劳动力人口的经济功能及其对家庭的经济贡献力，提升女性地位。第四，在相关法律和政策制定时纳入性别视角，为女性参与社会发展创造条件，保护女性权益，帮助她们更好地平衡家庭和工作。

（3）全面落实"二孩政策"和出生性别比治理"两手抓"。我国的刚性计划生育政策从1978年全面实施以来，契合了当时的时代要求，对于控制人口过快增长、提升人口素质起到了重要作用。但是，现阶段我国面临人口红利下降、社会步入老龄化的人口新问题，为促进我国经济社会长远发展，计划生育政策转向宽松，2016年开始实施"全面二孩"政策。"全面二孩"政策实施对出生性别比可能有双重的影响：一方面，生育数量限制的放宽可能会一定程度地弱化人们选择性生育的动机，而且，许多新增的"无性别选择"的孩子的出生对整个偏高的出生性别比起到"稀释"的作用，有利于降低出生性别比。因此要出台相关政策措施，配建教育、医疗等基础设施，满足职业母亲与儿童的相关需求，保障"二孩政策"的全面落实；另一方面，生育政策调整使部分长期受到抑制的"生男愿望"有了实现的机会，因此，在全面二孩政策实施之后，生育性别的选择行为有可能增加，为出生性别比的控制与治理带来了更高的要求。

（4）加强监督，严厉打击非医学需要的胎儿性别鉴定。出生性别比的长期失衡，是在男孩偏好驱动下对胎儿进行人为性别选择的结果。经过30余年的发展，生育辅助医疗技术（包括胎儿性别识别）及医疗器械在我中国已经相当普及，虽然国家明令禁止出于非医学需要对胎儿的性别进行产前鉴定。但由于监管措施不严，从而导致执行中多有疏漏和执法不严的问题。在一些西部地区，已经出现出生性别比随医疗水平进步而上升的情况，体现出监管制度不健全对出生性别比失衡造成的不良后果，需引起有关部门的重视。为此，必须采取更严格的措施，限定生育辅助医疗技术和B超等的使用条件，协调卫生、司法、公安、工商等多部门互相配合，严厉打击进行非法性别鉴定和性别选择性流产，从而抑制出生性别比失衡加剧，巩固现有出生性别比控制成效。

（5）完善社会保障制度及配套政策，解决养老后顾之忧。中国已经进入老龄化社会，在现阶段的生育政策与生育观念下，根深蒂固的"养儿防老"观念会导致人们通过生育男孩来保障养老需求。降低人口性别比，改变生育过程中的男性偏好，不能仅仅要靠宣传、政策和法律等强制手段，最主要的要从"养儿防老"思想的经济根源入手。人口政策不能独立于其他社会政策单独运行，政府需要加快社会基本医疗和养老保障制度建设步伐，构建一体化的社会保障网络，并实现普惠和优惠的结合，在基本保障的基础上适度向弱势群体倾斜，制定相应的优惠政策与扶持政策。

（6）积极应对已经出现的性别失衡引起的各类社会风险，缓解性别失衡与婚姻挤压带来的各种社会问题。关注失婚男性自我发展能力的提升，加快基层社会支持网络建设，构建多元化的心理疏导渠道，健全基层心理卫生服务体系。

5.3 不足与展望

本书基于第三次全国人口普查以来的四次人口普查数据，对中国省域出生性别比特征及其影响因素的时空异质性进行了实证研究，关于这一主题的研究还可从以下几个方面进行进一步完善：

（1）省域出生性别比的数据主要来源于全国人口普查，而中国目前的人口普查制度是每十年进行一次抽样比例为10%的全国人口普查，导致样本数据的时间间隔过长，在研究分析中无法捕捉出生性别比各年的变化。而全国人口普查所耗费的成本较高，决定了不可能每年都进行这样的调查，因此如果可以通过一些科学的测算方法估算每年的省域出生性别比，便可以进一步丰富对省域出生性别比及其影响因素时空异质性的研究。

（2）书中实证研究部分，由于数据可获得性的限制，部分变量的选取还不够全面和严谨。如女性地位，书中采用女性平均受教育年限来表示，实际上，根据女性地位的概念和内涵，它具有相对性、多维性、多重定位性和情境依赖性等特点，应结合生育行为对其进行更为深入的理解与准确测度。又如生育文化因素中，采用第一产业从业人口比例来表示，比较简化。社会保障是影响出生性别比的关键因素之一，本书对于社保因素变量的选择，采用的是农村每万人拥有养老机构数，未能全面反映整个社会的社会保障水平，未来可以采用其他更具代表性变量，分析社保因素对出生性别比的影响。

参考文献

[1] ANSELIN L. Spatial Econometrics [R]. Bruton Center, School of Social Sciences, University of Texas at Dallas Richardson, 1999.

[2] BECKER G S. A Theory of Marriage: Part I [J]. Journal of Political Economy, 1973, 81 (4): 813-846.

[3] CAI Y, W. LAVELY. China's Missing Girls: Numerical Estimates and Effects on Population Growth [J]. The China Review, 2003, 3 (2): 13-29.

[4] CHRISTOPHE Z, GUILMOTO. The Sex Ratio Transition in Asia [J]. Population and Development Review, 2009, 35 (3): 519-549.

[5] EBENSTEIN A , LEUNG S. Son Preference and Access to Social Insurance: Evidence from China's Rural Pension Program [J]. Population & Development Review, 2010, 36 (1): 47-70.

[6] ECHáVARRI R A, EZCURRA R. Education and Gender Bias in the Sex Ratio at Birth: Evidence from India [J]. Demography, 2010, 47 (1): 249-268.

[7] FOTHERINGHAM A S, CHARLTON M, BRUNSDON C. Geographically Weighted Regression: A Natural Evolution of the Expansion Method for Spatial Data Analysis [J]. Environment and Planning A, 1998, 30 (11): 1905-1927.

[8] GUILMOTO C Z. The Sex Ratio Transition in Asia [J]. Population and Development Review, 2009, 35 (3): 519-549.

[9] GUPTA M D. Explaining Asia's "Missing Women": A New Look at the Data [J]. Population and Development Review, 2005, 31 (3): 529-535.

[10] HUANG B, WU B, BARRY M. Geographicallyand Temporally Weighted Regression for Modeling Spatio-Temporal Variation in House Prices [J]. International Journal of Geographical Information Science, 2010, 24 (3): 383-401.

[11] HULL T H. RecentTrends in Sex Ratios at Birth in China [J]. Population and Development Review, 1990: 63-83.

[12] HULL T H. WEN X.. Rising Sex Ratio at Birth in China: Evidence From the 1990 Population Census [R]. Canberra: Australian Development Studies Network Paper No. 31, The Australian National University. 1993.

[13] JACOBSEN R, MOLLER H, MOURITSEN A. Natural Variation in the Human Sex Ratio [J]. Human Reproduction, 1999, 14 (12): 3120-3125.

[14] JOHANSSON S, NYGREN O. TheMissing Girls Of China: A New Demographic Account [J]. Population and Development Review, 1991, 17 (1).

[15] KAY JOHNSON, HUANG BANGHAN, WANG LIYAO. Infant Abandonment and Adoption in China [J]. Population and Development Review, 1998, 24 (3): 469-510.

[16] LEIBENSTEIN H. EconomicDecision Theory and Human fertility Behavior: A Speculative Essay [J]. Population and Development Review, 1981: 381-400.

[17] LI H, YI J, ZHANG J. Estimatingthe Effect of the One-Child Policy on the Sex Ratio Imbalance in China: Identification Based on the Difference-In- Difference [J]. Demography, 2011, 48 (4): 1535-1557.

[18] LI N., TULJAPURKAR S., FELDMAN M.. High Sex Ratio at Birth andit's Consequences [J]. Chinese Journal of Population Science, 1995, 7 (3): 213-221.

[19] MCELROY M B, YANG D T. Carrots and Sticks: Fertility Effects of China's Population Policies [J]. The American Economic Review, 2000, 90 (2): 389-392.

[20] PARAZZINI F, LA VECCHIA C, LEVI F, et al. Trends in Male: Female Ratio among Newborn Infants in 29 Countries from Five Continents [J]. Human Reproduction (Oxford, England), 1998, 13 (5): 1394-1396.

[21] POSTON JR., GU B., LIU P. P., MCDANIEL T.. Son Preference and the Sex Ratio at Birth in China: a Provincial Level Analysis [J]. Social Biology, 1997, 44 (1-2): 55-76.

[22] LI CHENGRUI. A Census of One Billion People [R]. Beijing: State Statistical Bureau, 1996: 410-434.

[23] WEI S J, ZHANG X. The Competitive Saving Motive: Evidence from Rising Sex Ratios and Savings Rates in China [J]. Journal of Political Economy, 2011, 119 (3): 511-564.

［24］WEI S, ZHANG X. Sex Ratios, Entrepreneurship, and Economic Growth in the People's Republic of China［J］. National Bureau of Economic Research, 2011.

［25］ZENG, Y, TU P, GU BAO CHANG, XU YI, LI BO HUA, LI YONG PING. Causes and Implications of the Recent Increase in the Reported Sex Ratio at Birth in China［J］. Population and Development Review, 1993, 19（2）: 283-302.

［26］毕雅丽, 李树茁, 尚子娟. 制度关联性视角下的出生性别比治理制度环境分析［J］. 妇女研究论丛, 2014, 122（2）: 34-43, 68.

［27］蔡菲, 陈胜利. 限制生育政策不是影响出生性别比升高的主要原因［J］. 市场与人口分析, 2006（3）: 29-31.

［28］蔡菲. 出生性别比升高的分因素贡献率［J］. 人口研究, 2007（4）: 9-19.

［29］陈华帅, 曾毅. "新农保" 使谁受益: 老人还是子女?［J］. 经济研究, 2013, 48（8）: 55-67.

［30］陈宁. 生育政策调整下育龄妇女生育状况变动研究——基于中部两省出生人口动态监测数据的分析［J］. 华中科技大学学报（社会科学版）, 2019, 33（4）: 37-46.

［31］陈卫, 李敏. 中国出生性别比偏高的长期人口后果［J］. 人口与发展, 2010, 16（4）: 33-37.

［32］陈卫, 吴丽丽. 外来人口对中国城市地区出生性别比的影响［J］. 人口学刊, 2008（2）: 15-19.

［33］陈强. 高级计量经济学及 Stata 应用［M］. 2 版. 北京: 高等教育出版社, 2010.

［34］陈友华. 关于出生性别比的几个问题——以广东省为例［J］. 中国人口科学, 2006（1）: 86-94.

［35］陈友华, 徐愫. 性别偏好、性别选择与出生性别比［J］. 河海大学学报（哲学社会科学版）, 2009, 11（4）: 35-41.

［36］陈友华, 胡小武. 社会变迁与出生性别比转折点来临［J］. 人口与发展, 2012, 18（1）: 13-18.

［37］程令国, 张晔, 刘志彪. "新农保" 改变了中国农村居民的养老模式吗?［J］. 经济研究, 2013, 48（8）: 42-54.

［38］达摩达尔·古扎拉蒂. 计量经济学基础［M］. 北京: 中国人民大学

出版社，2011.

　　[39] 刁贝娣，丁镭，苏攀达，等. 中国省域 PM_（2.5）浓度行业驱动因素的时空异质性研究 [J]. 中国人口·资源与环境，2018，28（9）：52-62.

　　[40] 董辉. 中国农民家庭功能及成员活动社会化与生育行为的思考 [J]. 社会学研究，1992（1）：102-107.

　　[41] 范子英，顾晓敏. 性别比失衡的再平衡：来自"关爱女孩行动"的证据 [J]. 经济学动态，2017，4：77-89.

　　[42] 高凌. 我国人口出生性别比的特征及影响因素 [J]. 中国社会科学，1995（1）：99-115.

　　[43] 高文力，梁颖. 试论时期总和生育率、终身生育率与政策生育率的关系 [J]. 人口学刊，2012（01）：3-11.

　　[44] 龚为纲. 男孩偏好的区域差异与中国农村生育转变 [J]. 中国人口科学，2013（1）：66-76.

　　[45] 顾宝昌. 论生育和生育转变：数量、时间和性别 [J]. 人口研究，1992，16（6）：1-7.

　　[46] 顾宝昌，徐毅. 中国婴儿出生性别比综论 [J]. 中国人口科学，1994（3）：41-48.

　　[47] 顾宝昌. 关于出生性别比问题：成因与反思 [J]. 福建江夏学院学报，2011，1（2）：11-16.

　　[48] 顾宝昌，侯佳伟，吴楠. 中国总和生育率为何如此低？——推延和补偿的博弈 [J/OL]. 人口与经济：1-18 [2019-10-09]. http：//kns. cnki. net/kcms/detail/ 11. 1115. F. 20190606.1321.003. html.

　　[49] 郭显超. 人口长期均衡发展背景下的婚姻挤压研究 [J]. 青年与社会，2012，68（9）：293-295.

　　[50] 韩兆洲，林仲源. 中国最低工资增长机制时空异质性测度研究 [J]. 统计研究，2017，34（6）：38-51.

　　[51] 何维. 加强人口发展战略研究促进人口长期均衡发展 [J]. 人口与社会，2019，35（1）：5-12.

　　[52] 侯佳伟，顾宝昌，张银锋. 子女偏好与出生性别比的动态关系：1979—2017 [J] 中国社会科学，2018（10）：86-101.

　　[53] 胡耀岭. 中国出生性别比偏高及其治理研究 [D]. 天津：南开大学，2010.

　　[54] 胡耀岭，原新. 基于空间数据的出生性别比偏高影响因素研究 [J].

人口学刊，2012（5）：12-21.

［55］黄国华，刘传江，涂海丽. 中国出生性别比时空特征及影响因素［J］. 江西社会科学，2018，38（2）：225-234，256.

［56］黄润龙. 我国出生性别比偏高因素研究及其治理建议［M］. 北京：人民出版社，2012.

［57］加里·S. 贝克尔. 家庭论［M］. 王献生，王宇，译. 北京：商务印书馆，2005.

［58］贾志科. 出生性别比失衡的社会风险、影响与后果［J］. 社会科学家，2012（12）：22-25.

［59］姜全保，李波. 性别失衡对犯罪率的影响研究［J］. 公共管理学报，2011，8（1）：71-80.

［60］姜全保，杨淑彩，李树茁. 中国出生人口数量变化研究［J］. 中国人口科学，2018（1）：60-71，127.

［61］姜全保，梅丽，邰秀军. 中国人口出生性别比的区间估计［J］. 中国人口科学，2019（2）：53-62，127.

［62］李伯华. 1964—1981年我国已婚育龄妇女生育率的变化［J］. 人口研究，1983（5）：12-15+40.

［63］李伯华. 中国出生性别比的近期趋势——从医院记录获得的证据［J］. 人口研究，1994（4）：1-9.

［64］李丹，王秋贤，孙晓，等. 基于GIS的中国人口总和生育率时空演变研究［J］. 鲁东大学学报（自然科学版），2017，33（4）：364-368.

［65］李桂芝，崔红艳，严伏林，等. 全面两孩政策对我国人口总量结构的影响分析［J］. 人口研究，2016，40（4）：52-59.

［66］李汉东，陆利桓. 我国出生性别比失调对未来婚姻市场的影响［J］. 统计与决策，2010，23（2）：81-83.

［67］李慧英. 我国出生性别比失衡与性别平等的内在联系［J］. 中国党政干部论坛，2007（9）：9-11.

［68］李竞能. 中国家庭经济与生育研究在理论上应当注意的几个问题［J］. 人口与经济，1994（1）：3-6.

［69］李树茁，果臻. 当代中国人口性别结构的演变［J］. 中国人口科学，2013，33（2）：11-20.

［70］李树茁，果臻，尚子娟. 中国性别失衡与社会可持续发展的理论、实践与政策创新——国家社科基金重大攻关课题"中国人口性别结构与社会

可持续发展战略研究"成果概述 [J].西安交通大学学报（社会科学版），2014，34（6）：1-13.

[71] 李树茁，胡莹.中国出生性别比和女婴生存状况分析 [J].人口与经济，1996（1）：13-18.

[72] 李树茁，胡莹.性别失衡的宏观经济后果——评述与展望 [J].人口与经济，2012（2）：1-9.

[73] 李树茁，胡莹，闫绍华.当代中国家庭生育性别偏好的影响机制研究——基于六普数据的实证分析 [J].人口与发展，2014，20（5）：69-76.

[74] 李树茁，闫绍华，李卫东.性别偏好视角下的中国人口转变模式分析 [J].中国人口科学，2011（1）：16-25.

[75] 李通屏，朱雅丽，邵红梅.人口经济学（第二册）[M].北京：清华大学出版社，2014.

[76] 李琼，周宇，田宇，等.2002—2015年中国社会保障水平时空分异及驱动机制 [J].地理研究，2018，37（9）：1862-1876.

[77] 李雨潼.中国人口性别结构分析 [J].人口学刊，2013，35（6）：61-69.

[78] 李智，张山山，倪俊学，等.1953—2010年中国出生性别比变化趋势及地理分布 [J].中国生育健康杂志，2016，27（1）：13-18.

[79] 梁海艳，倪超.对中国出生性别比失衡问题的再认识 [J].中国人力资源开发，2018，35（1）：112-121.

[80] 林建宇.少数民族出生性别比问题研究综述 [J].云南社会主义学院学报，2016（2）：80-84.

[81] 刘家强.人口经济学新论 [M].成都：西南财经大学出版社，2004.

[82] 刘华，钟甫宁，朱晶，等.计划生育政策影响了出生性别比吗？——基于微观行为主体的考察 [J].人口学刊，2016，38（4）：5-16.

[83] 刘爽.我国人口出生性别比差别问题初探 [J].人口研究，1985（2）：49-50.

[84] 刘爽.对中国人口出生性别比的分析 [J].人口研究，1988（3）：33-36.

[85] 刘爽.生育率转变过程中家庭子女性别结构的变化——对人口出生性别比偏高的另一种思考 [J].市场与人口分析，2002（5）：1-10.

[86] 刘爽.中国的出生性别比失常及其思考 [J].甘肃社会科学，2007

（6）：7-12.

[87] 刘爽. 出生性别比的变动趋势及其影响因素——一种国际视角的分析 [J]. 人口学刊, 2009 (1)：10-16.

[88] 刘爽. 中国的出生性别比与性别偏好——现象、原因及后果 [M]. 北京：社会科学文献出版社, 2009.

[89] 刘华, 杨丽霞, 朱晶, 等. 农村人口出生性别比失衡及其影响因素的空间异质性研究——基于地理加权回归模型的实证检验 [J]. 人口学刊, 2014, 36 (4)：5-15.

[90] 马琳. 经济因素对出生性别比失衡的影响研究 [D]. 保定：河北大学, 2012.

[91] 马瀛通. 人口性别比与出生性别比新论 [J]. 人口与经济, 1994 (1)：7-13.

[92] 马瀛通, 冯立天, 陈友华. 创立出生性别比新概念与构建马冯陈 (MFC) 数学模型 [J]. 人口与经济, 1997 (5)：3-12

[93] 马瀛通, 冯立天, 陈友华, 等. 出生性别比新理论与应用 [M]. 北京：首都经济贸易大学出版社, 1998.

[94] 马瀛通. 出生性别比失调与从严控制人口中的误导与失误 [J]. 中国人口科学, 2005 (2)：4-13.

[95] 马正亮. 我国少数民族人口发展与变化趋势分析 [J]. 人口·社会·法制研究, 2012 (01)：3-18.

[96] 茅倬彦. 出生性别比影响因素的通径分析——以第五次全国人口普查数据为基础 [J]. 南京人口管理干部学院学报, 2006 (4)：13-16.

[97] 米红, 杨明旭. 总和生育率、出生性别比的修正与评估研究——基于1982—2010年历次人口普查、1%抽样调查数据 [J]. 人口与发展, 2016, 22 (2)：12-19.

[98] 穆光宗. 近年来中国出生性别比升高偏高现象的理论解释 [J]. 人口与经济, 1995 (1)：48-51.

[99] 乔晓春. 对中国人口普查出生婴儿性别比的分析与思考 [J]. 人口与经济, 1992 (2)：21-28.

[100] 乔晓春. 性别偏好、性别选择与出生性别比 [J]. 中国人口科学, 2004 (1)：16-24.

[101] 乔晓春. 关于出生性别比的统计推断问题 [J]. 中国人口科学, 2006 (6)：30-35.

[102] 乔晓春. 中国出生性别比研究中的问题 [J]. 江苏社会科学，2008 (2)：158-164.

[103] 覃文忠. 地理加权回归基本理论与应用研究 [D]. 上海：同济大学，2007.

[104] 石人炳. 生育控制政策对人口出生性别比的影响研究 [J]. 中国人口科学，2009 (5)：86-94.

[105] 石人炳，陈宁. 单独二孩政策实施对出生人口性别比的影响研究 [J]. 华中师范大学学报（人文社会科学版），2015 (2)：27-33.

[106] 时涛，孙奎立. 我国出生性别比空间特征与影响因素分析 [J]. 西北人口，2014，35 (4)：1-7.

[107] 石雅茗. 中国出生性别比异常变化及综合治理研究 [D]. 长春：吉林大学，2016.

[108] 石雅茗，刘爽. 中国出生性别比的新变化及其思考 [J]. 人口研究，2015，39 (4)：35-48.

[109] 宋健. 宽松生育政策环境下的出生性别比失衡 [J]. 人口与计划生育，2018 (5)：13-16.

[110] 宋健. 近10年来中国人口学方法发展回顾 [J]. 中国人口科学，2018 (6)：115-123.

[111] 唐贵忠. 农村计划生育的困境与对策 [J]. 人口研究，1991，15 (1)：53-55.

[112] 陶长琪. 空间计量经济学的前沿理论及应用 [M]. 北京：科学出版社，2016.

[113] 汤兆云. 我国出生人口性别比失衡的生育政策因素 [J]. 公共管理高层论坛，2006 (1)：182-194

[114] 汤兆云. 20世纪90年代关于我国出生性别比问题的研究 [J]. 人口学刊，2007 (3)：29-34.

[115] 汤兆云. 韩国、印度和中国台湾治理出生性别比偏高的对策及启示 [J]. 国外社会科学，2010 (4)：68-75.

[116] 陶涛，杨凡. 出生性别比间接估计方法 [J]. 人口学刊，2015，37 (2)：68-76.

[117] 田雪原. 出生性别比升高原因何在 [J]. 瞭望，2004 (30)：59.

[118] 王菲，刘爽. 中国出生性别比失衡区域的识别、特点及成因——基于县（市）级层面的分析 [J]. 人口与经济，2011 (5)：9-16.

[119] 王广州, 傅崇辉. 中国出生性别比升高的孩次性别递进过程分析 [J]. 人口学刊, 2009 (1): 3-9.

[121] 王军. 生育政策和社会经济状况对中国出生性别比失衡的影响 [J]. 人口学刊, 2013, 35 (5): 5-14.

[122] 王军, 郭志刚. 孩次结构与中国出生性别比失衡关系研究 [J]. 人口学刊, 2014, 36 (3): 5-13.

[123] 王胜今, 石雅茗. 综合治理出生性别比偏高的深层思考 [J]. 人口学刊, 2016, 38 (3): 39-46.

[124] 王伟. 计生政策演变背景下的农村育龄妇女再生育意愿调查 [D]. 泰安: 山东农业大学, 2016.

[125] 王文卿, 潘绥铭. 男孩偏好的再考察 [J]. 社会学研究, 2005 (6): 165-193.

[126] 吴帆. 家庭发展政策视角下的出生性别比治理实践 [J]. 人口与计划生育, 2018 (5): 26-30.

[127] 肖宏伟, 易丹辉. 基于时空地理加权回归模型的中国碳排放驱动因素实证研究 [J]. 统计与信息论坛, 2014, 29 (2): 83-89.

[128] 解振明. 引起中国出生性别比偏高的三要素 [J]. 人口研究, 2002 (5): 14-18.

[129] 徐毅, 郭维明. 中国出生性别比的现状及有关问题的探讨 [J]. 人口与经济, 1991 (5): 9-12.

[130] 玄海燕, 张安琪, 蔺全录, 等. 中国省域经济发展影响因素及其时空规律研究——基于GTWR模型 [J]. 工业技术经济, 2016, 35 (2): 154-160.

[131] 薛福根, 曾德冬. 出生性别比失衡的影响因素分析——基于湖北省人口普查数据的实证研究 [J]. 中南财经政法大学研究生学报, 2009 (6): 9-13.

[132] 闫绍华, 刘慧君. 社会变迁中性别失衡在中国演化的机制分析 [J]. 西安交通大学学报 (社会科学版), 2012, 32 (1): 52-56.

[133] 闫绍华, 李树茁. 中国性别失衡演变机制研究 [M]. 北京: 社会科学文献出版社, 2018.

[134] 杨博, 李树茁. 性别失衡后果的社会风险及其社区和家庭扩散研究 [J]. 南京社会科学, 2018 (5): 89-95.

[135] 杨菊华. 出生性别比与和谐社会建设: 一个定性和定量分析 [J].

人口学刊，2008（1）：19-24.

[136] 杨菊华. 胎次—激化双重效应：中国生育政策与出生性别比关系的理论构建与实证研究 [J]. 人口与发展，2009，15（4）：37-51.

[137] 杨菊华，陈卫，陶涛，等. 生育政策与出生性别比的失衡相关吗？[J]. 人口研究，2009，33（03）：32-52.

[138] 杨菊华. 时间、空间、情境：中国性别平等问题的三维性 [J]. 妇女研究论丛，2010（6）：5-18.

[139] 杨凡. 现代化视角下的出生性别比偏高与中国人口转变 [J]. 人口与经济，2014，5：23-32.

[140] 杨发祥. 当代中国计划生育史研究 [D]. 杭州：浙江大学，2004.

[141] 杨华. 农村婚姻挤压的类型及其生成机制 [J]. 华中农业大学学报（社会科学版），2019，142（4）：25-34，170.

[142] 杨洪涛. 出生性别比失衡治理问题研究 [D]. 南京：南京农业大学，2008.

[143] 杨魁孚，梁济民，张凡. 中国人口与计划生育大事要览 [M]. 北京：中国人口出版社，2001.

[144] 杨军昌. 西南民族地区出生性别比问题论述 [J]. 中央民族大学学报（哲学社会科学版），2010（1）：49-56.

[145] 杨书章，王广州. 生育控制下的生育率下降与性别失衡 [J]. 市场与人口分析，2006（04）：18-28.

[146] 杨鑫宇. 出生人口性别比例失衡，我们该怎么办？[N/OL]. 中国青年报. http://kns. cnki. net/kns/detail/detail. aspx？FileName＝ZGQN201906180023& DbName＝CCND，2019-06-18.

[147] 杨云彦，慈勤英，穆光宗，等. 中国出生性别比：从存疑到求解 [J]. 人口研究，2006（1）：37-49.

[148] 原新，石海龙. 中国出生性别比偏高与计划生育政策 [J]. 人口研究，2005（3）：11-17.

[149] 原新. 我国生育政策演进与人口均衡发展——从独生子女政策到全面二孩政策的思考 [J]. 人口学刊，2016，38（5）：5-14.

[150] 俞立平，孙建红，刘爱军. 自主研发与协同创新贡献的门槛特征研究——基于中国高技术产业的估计 [J]. 世界科技研究与发展，2014，36（5）：537-542.

[151] 曾毅，顾宝昌，涂平，等. 中国近年来出生性别比升高原因及其后

果分析［J］.人口与经济，1993（1）：3-15.

［152］翟振武，杨凡.中国出生性别比水平与数据质量研究［J］.人口学刊，2009，4：3-10.

［153］张二力.从"五普"地市数据看生育政策对出生性别比和婴幼儿死亡率性别比的影响［J］.人口研究，2005（1）：11-18.

［154］张川川，陈斌开."社会养老"能否替代"家庭养老"？——来自中国新型农村社会养老保险的证据［J］.经济研究，2014，49（11）：102-115.

［155］张川川，John Giles，赵耀辉.新型农村社会养老保险政策效果评估——收入、贫困、消费、主观福利和劳动供给［J］.经济学（季刊），2015，14（1）：203-230.

［156］张川川，李雅娴，胡志安.社会养老保险、养老预期和出生性别比［J］.经济学（季刊），2017，16（2）：749-770.

［157］张慧慧.性别失衡对中国贸易失衡的影响分析［D］.南京：南京大学，2015.

［158］张青.总和生育率的测算及分析［J］.中国人口科学，2006（4）：35-42.

［159］张皖松，成凤皋，李中菁，等.婴儿性比例失调要切实纠正［J］.社会，1983（2）：31-33.

［160］赵娜.我国少数民族生育政策分析［D］.长春：吉林大学，2011.

［161］钟微微.我国出生性别比偏高特征及分因素贡献率［D］.长春：吉林大学，2016.

［162］周全德.新中国成立以来我国出生性别比升高的研究与治理综述［J］.学习论坛，2013，29（4）：65-68.

［163］周垚.中国治理出生性别比偏高的公共政策研究［D］.天津：南开大学，2010.

附录 实证模型基础数据

省域	年份	人均地区生产总值（元）	女性平均受教育年限（年）	少数民族人口占比	第一产业从业人口占比	每万人医疗机构数	总和生育率	农村每万人养老机构数
北京	1981	1 526	7.11	0.03	0.28	4.58	1.58	3.87
天津	1981	1 458	6.29	0.02	0.31	4.73	1.74	1.79
河北	1981	427	4.62	0.02	0.78	1.91	2.73	1.24
山西	1981	488	5.26	0.00	0.71	2.22	2.37	0.17
内蒙古	1981	407	4.57	0.16	0.68	2.43	2.72	1.52
辽宁	1981	823	6.02	0.08	0.46	2.09	1.82	4.08
吉林	1981	496	5.59	0.08	0.55	2.05	1.85	5.33
黑龙江	1981	709	5.45	0.05	0.51	2.74	2.11	2.97
上海	1981	2 800	6.74	0.00	0.26	5.45	1.28	1.22
江苏	1981	586	4.01	0.00	0.66	1.76	2.02	0.41
浙江	1981	531	4.26	0.00	0.62	1.99	1.94	0.15
安徽	1981	346	2.78	0.01	0.81	1.40	3.16	0.18
福建	1981	416	3.29	0.01	0.70	1.69	2.83	0.17
江西	1981	369	3.75	0.00	0.74	1.66	2.75	4.36
山东	1981	472	3.74	0.01	0.80	1.28	2.20	1.06
河南	1981	340	3.95	0.01	0.84	1.15	2.72	0.18
湖北	1981	302	4.35	0.04	0.76	1.33	2.38	0.69
湖南	1981	394	4.75	0.04	0.80	1.91	2.91	0.15
广东	1981	550	4.59	0.02	0.73	1.37	3.17	0.85
广西	1981	317	4.38	0.38	0.85	1.56	4.04	0.10
四川	1981	337	4.02	0.04	0.83	1.44	2.35	1.98
贵州	1981	242	2.41	0.26	0.86	2.35	4.25	0.18

省域	年份	人均地区生产总值（元）	女性平均受教育年限（年）	少数民族人口占比	第一产业从业人口占比	每万人医疗机构数	总和生育率	农村每万人养老机构数
云南	1981	294	2.61	0.32	0.86	1.90	3.86	0.05
西藏	1981	560	1.14	0.95	0.84	4.97	5.23	0.06
陕西	1981	356	4.46	0.00	0.76	2.15	2.32	0.69
甘肃	1981	367	2.83	0.08	0.81	1.97	2.75	0.05
青海	1981	459	3.07	0.39	0.71	5.01	3.97	0.00
宁夏	1981	460	3.33	0.32	0.75	2.58	3.95	0.10
新疆	1981	450	4.83	0.60	0.72	2.35	4.18	1.43
北京	1989	4 269	8.07	0.04	0.19	4.29	1.33	6.85
天津	1989	3 261	7.27	0.02	0.30	3.99	1.66	5.76
河北	1989	1 409	5.60	0.04	0.77	1.82	2.33	4.88
山西	1989	1 367	6.37	0.00	0.65	2.19	2.46	4.12
内蒙古	1989	1 377	5.84	0.19	0.65	2.44	1.97	5.72
辽宁	1989	2 574	6.91	0.16	0.49	1.99	1.51	3.75
吉林	1989	1 636	6.67	0.10	0.58	1.85	1.81	4.38
黑龙江	1989	1 808	6.60	0.06	0.53	2.62	1.71	3.79
上海	1989	5 362	7.40	0.00	0.12	5.92	1.34	4.33
江苏	1989	2 038	5.45	0.00	0.65	1.89	1.94	4.45
浙江	1989	2 023	5.32	0.01	0.61	2.11	1.40	2.22
安徽	1989	1 136	4.15	0.01	0.81	1.36	2.51	4.31
福建	1989	1 589	4.87	0.02	0.68	1.75	2.36	1.49
江西	1989	1 013	4.88	0.00	0.78	1.52	2.46	5.72
山东	1989	1 595	5.30	0.01	0.79	1.31	2.12	3.79
河南	1989	1 012	5.47	0.01	0.83	1.06	2.90	3.61
湖北	1989	1 373	5.49	0.04	0.72	1.96	2.50	6.62
湖南	1989	1 074	5.79	0.08	0.80	1.74	2.40	2.52
广东	1989	2 251	5.79	0.01	0.61	1.49	2.51	1.06
广西	1989	927	5.46	0.39	0.83	1.38	2.73	0.16
四川	1989	960	5.30	0.05	0.82	1.39	1.76	3.06
贵州	1989	750	3.63	0.35	0.85	2.18	2.96	0.40

省域	年份	人均地区生产总值（元）	女性平均受教育年限（年）	少数民族人口占比	第一产业从业人口占比	每万人医疗机构数	总和生育率	农村每万人养老机构数
云南	1989	1 003	3.82	0.33	0.84	1.81	2.59	1.83
西藏	1989	1 021	1.30	0.96	0.80	4.67	4.22	4.09
陕西	1989	1 124	5.51	0.00	0.76	1.97	2.71	3.99
甘肃	1989	1 007	3.92	0.08	0.81	1.93	2.34	2.17
青海	1989	1 365	4.01	0.42	0.69	2.87	2.47	3.26
宁夏	1989	1 317	4.66	0.33	0.72	2.42	2.61	6.66
新疆	1989	1 493	6.21	0.62	0.66	2.59	3.16	3.74
北京	2000	24 127	9.65	0.04	0.13	4.53	0.67	4.43
天津	2000	17 353	8.59	0.03	0.30	2.98	0.88	6.13
河北	2000	7 592	7.38	0.04	0.71	3.10	1.29	2.93
山西	2000	5 791	7.67	0.00	0.60	4.23	1.44	4.31
内蒙古	2000	6 502	7.27	0.21	0.62	3.31	1.09	6.04
辽宁	2000	11 177	8.06	0.16	0.52	3.00	0.98	5.31
吉林	2000	7 351	7.92	0.09	0.61	2.07	0.84	4.78
黑龙江	2000	8 294	7.91	0.05	0.58	2.11	0.88	4.15
上海	2000	30 307	8.71	0.01	0.11	3.19	0.68	3.55
江苏	2000	11 765	7.18	0.00	0.52	1.75	0.97	2.81
浙江	2000	13 415	6.90	0.01	0.34	3.64	1.04	4.39
安徽	2000	4 779	6.23	0.01	0.75	1.10	1.33	3.15
福建	2000	11 194	6.83	0.02	0.48	2.88	1.03	3.10
江西	2000	4 851	6.88	0.00	0.68	1.94	1.60	4.17
山东	2000	9 326	6.91	0.01	0.70	1.90	1.16	2.96
河南	2000	5 450	7.21	0.01	0.80	1.13	1.44	2.93
湖北	2000	6 293	7.13	0.04	0.66	1.96	1.06	4.70
湖南	2000	5 425	7.33	0.10	0.75	3.76	1.27	2.16
广东	2000	12 736	7.55	0.01	0.38	1.56	0.94	2.34
广西	2000	4 652	7.07	0.38	0.78	2.89	1.54	0.91
四川	2000	5 116	6.62	0.05	0.76	3.82	1.24	4.08
贵州	2000	2 759	5.22	0.38	0.82	2.39	2.19	1.79

省域	年份	人均地区生产总值（元）	女性平均受教育年限（年）	少数民族人口占比	第一产业从业人口占比	每万人医疗机构数	总和生育率	农村每万人养老机构数
云南	2000	4 770	5.66	0.33	0.79	3.15	1.81	2.08
西藏	2000	4 572	2.69	0.94	0.81	4.79	1.85	5.60
陕西	2000	4 968	7.16	0.00	0.71	2.95	1.13	2.31
甘肃	2000	4 129	5.70	0.09	0.79	2.86	1.32	3.70
青海	2000	5 138	5.26	0.46	0.72	3.57	1.54	4.38
宁夏	2000	5 376	6.32	0.35	0.64	2.46	1.69	4.86
新疆	2000	7 372	7.50	0.59	0.61	3.63	1.52	3.45
北京	2010	73 856	11.38	0.04	0.06	4.80	0.71	7.66
天津	2010	72 994	10.01	0.03	0.21	3.50	0.91	4.10
河北	2010	28 668	8.62	0.04	0.59	11.32	1.31	2.88
山西	2010	26 249	9.02	0.00	0.49	11.50	1.10	4.46
内蒙古	2010	47 347	8.69	0.20	0.50	9.13	1.07	4.71
辽宁	2010	42 355	9.26	0.15	0.44	7.96	0.74	4.95
吉林	2010	31 599	9.11	0.08	0.59	7.06	0.76	4.55
黑龙江	2010	27 076	8.97	0.04	0.55	5.76	0.75	2.65
上海	2010	77 259	10.22	0.01	0.03	2.04	0.74	8.28
江苏	2010	52 840	8.64	0.00	0.23	3.93	1.05	4.22
浙江	2010	51 758	8.21	0.02	0.15	5.50	1.02	5.76
安徽	2010	20 888	7.52	0.01	0.54	3.86	1.48	6.15
福建	2010	40 025	8.34	0.02	0.29	7.32	1.12	3.80
江西	2010	21 253	8.08	0.00	0.44	7.64	1.39	5.42
山东	2010	41 106	8.28	0.01	0.55	6.98	1.17	3.50
河南	2010	24 446	8.33	0.01	0.66	8.05	1.30	4.23
湖北	2010	27 906	8.55	0.04	0.53	5.98	1.34	6.85
湖南	2010	24 897	8.61	0.10	0.56	9.03	1.42	6.08
广东	2010	44 758	8.88	0.02	0.25	4.30	1.06	5.43
广西	2010	20 292	8.09	0.37	0.67	7.10	1.79	3.97
四川	2010	22 974	7.93	0.06	0.58	8.40	1.10	7.92
贵州	2010	13 119	6.87	0.36	0.69	7.31	1.75	3.55

省域	年份	人均地区生产总值（元）	女性平均受教育年限（年）	少数民族人口占比	第一产业从业人口占比	每万人医疗机构数	总和生育率	农村每万人养老机构数
云南	2010	15 752	7.18	0.33	0.69	4.97	1.41	2.13
西藏	2010	17 027	4.70	0.92	0.75	16.53	1.05	7.11
陕西	2010	27 133	8.77	0.01	0.55	9.56	1.05	3.78
甘肃	2010	16 172	7.45	0.09	0.72	10.42	1.28	3.64
青海	2010	24 115	7.11	0.47	0.58	10.27	1.37	4.28
宁夏	2010	26 860	8.08	0.35	0.51	6.52	1.36	1.89
新疆	2010	25 034	8.81	0.60	0.61	7.32	1.53	3.11